# 体育强国视域下
# 青少年体质健康的综合干预研究

刘 满◎著

吉林大学出版社
·长 春·

图书在版编目(CIP)数据

体育强国视域下青少年体质健康的综合干预研究 /
刘满著. —长春：吉林大学出版社，2019.8
ISBN 978-7-5692-5325-2

Ⅰ.①体… Ⅱ.①刘… Ⅲ.①青少年—体质—健康教育—研究—中国 Ⅳ.①G479

中国版本图书馆 CIP 数据核字(2019)第 172487 号

| | |
|---|---|
| 书　　名 | 体育强国视域下青少年体质健康的综合干预研究 |
| | TIYU QIANGGUO SHIYU XIA QINGSHAONIAN TIZHI JIANKANG DE ZONGHE GANYU YANJIU |
| 作　　者 | 刘　满　著 |
| 策划编辑 | 孟亚黎 |
| 责任编辑 | 刘守秀 |
| 责任校对 | 杨　平 |
| 装帧设计 | 马静静 |
| 出版发行 | 吉林大学出版社 |
| 社　　址 | 长春市人民大街 4059 号 |
| 邮政编码 | 130021 |
| 发行电话 | 0431—89580028/29/21 |
| 网　　址 | http://www.jlup.com.cn |
| 电子邮箱 | jdcbs@jlu.edu.cn |
| 印　　刷 | 三河市铭浩彩色印装有限公司 |
| 开　　本 | 787mm×1092mm　1/16 |
| 印　　张 | 16.75 |
| 字　　数 | 217 千字 |
| 版　　次 | 2020 年 3 月　第 1 版 |
| 印　　次 | 2020 年 3 月　第 1 次 |
| 书　　号 | ISBN 978-7-5692-5325-2 |
| 定　　价 | 80.00 元 |

版权所有　翻印必究

# 前言

21世纪的中国是一个迅速发展和崛起的大国。新时期我国在经济、科技等方面取得的飞速进步为包括体育在内的社会文化的深入发展提供了可能，为我国由体育大国向体育强国迈进提供了良好的发展环境和支撑条件。现在，我国要从竞技体育强国向竞技体育与群众体育高度协调发展的体育强国推进，要从竞技体育强国战略转向增强人民体质、提高全民族身体素质和生活质量的群众体育方向，重视并充分发挥体育在促进人全面发展、促进经济社会发展中的重要作用，实现竞技体育和群众体育协调发展，推动我国由体育大国向体育强国迈进。这种战略抉择对我国未来的繁荣发展具有重要意义。

青少年是国家的未来和民族的希望，青少年体质健康水平不仅是未来社会生产力的组成要素，也是未来综合国力的重要基础。近年来，我国青少年体质健康状况出现了一些突出的问题，与国外同龄青少年相比，身体素质差距逐渐拉大，如近视率居高不下、跑步越来越慢、体重越来越重、力量越来越小等都是现在青少年群体中普遍存在的问题。尽管我国已采取一些对策来进行干预，但依然没有从根本上扭转这一局面。这不仅影响了青少年的健康成长与全面发展，还对中国体育事业的发展、国民素质的整体提高造成了一定的制约。因此，深入调查青少年体质健康现状，全面分析导致青少年体质健康下降的原因，在此基础上探索并建立起切实有效的综合性干预体系已成为当务之急。基于以上分析，作者在参阅大量相关著作文献的基础上，精心撰写了《体育强国视域下青少年体质健康的综合干预研究》一书。

本书共有九章内容，第一章分析体育强国战略与青少年体质健康的基本知识以及二者的关系，开篇作此分析有利于了解本书的研究背景及意义，并为后面的研究奠定基础。第二章着重分析当前我国青少年体质健康现状的调查结果及健康问题成因。对青少年体质健康进行积极干预，首先要了解其存在哪些健康问题，造成这些健康问题的原因有哪些，其对体质健康有何需求等，只有在全面把握这些基础的前提下，才能有针对性地思考对策，实施干预措施。本章对这些基础进行分析，能为后面具体干预方法的研究提供理论依据与现实参考。第三章探讨青少年体质健康的学校干预路径，青少年的大部分时间是在学校度过的，学校以教育为本，而健康教育是学校教育的重要组成部分，因此学校在促进青少年体质健康方面承担着重要的责任与义务，从学校角度出发科学合理地干预青少年的体质健康，能够大大改善青少年的健康现状。第四章研究青少年体质健康的家庭干预路径，家庭是每个青少年健康成长的根基，正确的家庭教育观、教育方式及优良的家庭教育环境等对青少年的健康成长及未来发展有重要影响。面对青少年体质下降的问题，家长必须负起责任，有所行动。第五章对青少年体质健康的社会干预路径展开探究，青少年健康问题不是单一的家庭问题或学校问题，而是一个关系全社会发展的社会性问题，同时青少年的体质健康现状也迫切要求利用全社会的力量来积极干预。第六章至第九章着重研究青少年体质健康的运动干预路径，第六章主要从理论层面分析，第七章至第九章重点从实践层面探讨促进青少年生理健康、心理健康及社会适应健康的体育运动促进方法。运动锻炼是提高青少年体质健康水平最为积极的干预路径，从理论与实践层面对青少年参与体育锻炼进行科学指导，不仅能有效解决青少年的健康问题，还能促进其全面发展，因此本书对运动干预路径重点进行研究。

整体而言，本书具有以下鲜明特点。

第一，时代性。体育强国与青少年体质是新时期我国特别关注的两大热点问题，这两个问题直接影响我国的现代化建设及社会主义建设。本书以二者之间的关系为切入点,探讨如何采取有效的干预路径来促进青少年体质健康,进而有序地推动体育强国战略的实施。这体现了本书的时代性特征。

第二,亮点突出。青少年体质健康的影响因素不是单一的,因此青少年体质健康的干预路径也应该是多元的。以往的研究大都从一个角度出发,如学校干预或运动干预,这些研究虽然具有针对性,但总体干预效果却达不到预期。本书突破单一的思维局限,重点从学校、家庭、社会以及运动等多个角度来研究如何干预,从而全方位提升青少年的体质健康水平,这是本书的一大亮点。本书还有一大亮点,即在运动干预路径研究中,以体育运动的健身功能为依据对其进行了分类,这对于有针对性地解决青少年的体质健康问题具有重要意义。

第三,重点突出。上面提到青少年体质健康的影响因素与干预路径有很多,但其中最为积极的影响因素及干预路径是体育运动。因此本书在研究一般干预路径的基础上深入探讨了运动干预路径,并从理论与实践两个层面重点加以研究。

总之,本书在体育强国背景下对青少年体质健康的多元干预路径展开全面、深入、系统的研究,期望本书能对解决青少年的体质健康问题,遏制青少年体质健康下降趋势,提升青少年及全社会的健康意识与保健能力,促进青少年健康成长与全面发展,以及实现体育强国战略目标做出重要贡献。

在撰写本书的过程中,作者不仅参阅、引用了很多国内外相关文献资料,而且得到了同事亲朋的鼎力相助,在此衷心表示感谢。由于作者水平有限,书中疏漏之处在所难免,恳请同行专家以及广大读者批评指正。

作 者

2019 年 5 月

# 目 录

**第一章 体育强国战略与青少年体质健康** …………………… 1
第一节 体育强国概念解析及战略目标 ………………… 1
第二节 体质与现代健康观 ……………………………… 9
第三节 青少年体质特征 ………………………………… 16
第四节 青少年体质健康与体育强国的关系解析 ……… 18

**第二章 当前我国青少年体质健康现状调查与原因分析** …… 20
第一节 我国青少年体质健康现状与问题调查 ………… 20
第二节 青少年体质健康问题成因的多维分析 ………… 26
第三节 了解青少年体质健康发展需求 ………………… 31
第四节 体育强国视角下对青少年体质健康发展对策的
总体思考 …………………………………………… 33

**第三章 青少年体质健康的学校干预路径研究** ……………… 38
第一节 加强体质监测 …………………………………… 38
第二节 推动健康促进实施 ……………………………… 60
第三节 开展专题健康教育 ……………………………… 72
第四节 优化体育课程教学 ……………………………… 75

**第四章 青少年体质健康的家庭干预路径研究** ……………… 77
第一节 优化家庭教育 …………………………………… 77
第二节 发展家庭体育 …………………………………… 82
第三节 提供健康膳食 …………………………………… 89

**第五章 青少年体质健康的社会干预路径研究** ……………… 95
第一节 注重环境保护 …………………………………… 95
第二节 完善与落实法律法规 …………………………… 100

第三节　重建大健康体系 …………… 103
　　第四节　健全社会公共体育服务体系 …………… 110
　　第五节　构建家庭、学校、社会的协同发展机制 …… 124

第六章　青少年体质健康的运动干预理论 …………… 130
　　第一节　体育运动锻炼与青少年体质健康 …………… 130
　　第二节　青少年体育锻炼现状分析 …………… 133
　　第三节　青少年体育锻炼的运动处方指导 …………… 139
　　第四节　青少年体育锻炼的安全防范与急救 …………… 156

第七章　青少年生理健康的体育运动促进方法 …………… 166
　　第一节　改善身体形态的运动 …………… 166
　　第二节　增强身体机能的运动 …………… 174
　　第三节　提高身体素质的运动 …………… 182
　　第四节　改善弱体质与亚健康的运动 …………… 190

第八章　青少年心理健康的体育运动促进方法 …………… 197
　　第一节　提高心理素质的运动 …………… 197
　　第二节　培养意志品质的运动 …………… 201
　　第三节　增强健康情感的运动 …………… 210
　　第四节　健全个性特征的运动 …………… 216

第九章　青少年社会适应健康的体育运动促进方法 …… 229
　　第一节　提高调节能力的运动 …………… 229
　　第二节　增强适应能力的运动 …………… 243
　　第三节　改善应激能力的运动 …………… 246

参考文献 …………… 255

# 第一章　体育强国战略与青少年体质健康

体育强国战略是我国在贯彻落实科学发展观的前提下发展体育事业的科学定位。增强人民体质、提高全民族身体素质和生活质量是体育强国战略的根本目标。作为国家的未来和民族的希望，青少年的体质健康水平不仅是我国社会生产力的组成要素，也是综合国力的重要基础，青少年体质健康问题直接关系着中国体育事业的发展和体育强国战略的实施，因此在建设体育强国背景下必须高度重视青少年的体质健康，通过多方面的积极干预来提高其体质健康水平。本章主要就体育强国战略与青少年体质健康展开研究，主要包括体育强国概念解析及战略目标、体质与现代健康观、青少年体质特征以及青少年体质健康与体育强国的关系解析等内容。

## 第一节　体育强国概念解析及战略目标

### 一、体育强国的概念与内涵

#### （一）体育强国的概念

1985出版的《体育理论》一书最早对体育强国的概念进行了正式阐述。书中明确指出，体育强国是指在世界重大综合性比赛的运动竞赛中名列前茅的国家。[①] 我们从这个概念中得知,国际上主要以各国的竞技水平为依据来对一个国家是否为体育强国进行衡量与判断。后来,学者们对体育强国概念的认识越来越多元化,也越来越深入。下面主要分析关于体育强国概念的几个具有代表性的研究观点。

黄莉认为,体育强国概念主要指向的是与质量密切相关的概念,如实力强、质量优、程度高等。

徐本力认为,体育强国所包含的内容是丰富多彩的,如大众体育、竞技体育、体育文化、体育科技、体育教育、体育产业等都是体育强国的主要战略要素。

肖焕禹认为,发展竞技体育、普及大众体育、增强国民体质、繁荣体育文化、提高体育科研水平、发展体育产业、优化体育服务等都是构建体育强国的主要任务。

焦晓正认为,建设体育强国需达到以下四个方面的要求。

(1)在国际体育大赛中取得优异成绩。

(2)在国际体育市场上的竞争实力很强。

(3)在国际体坛中组织体育大赛及其他相关活动的能力很强。

(4)在国际体育组织中话语权很强。

汲智勇认为,我国最早是从单一的思维来认识体育强国的,后来随着思维的变化而在多维角度对其有了多元的认识。我国最早只从竞技水平这一指标出发来衡量与评价体育强国,后来将群众体育纳入评价指标体系中,再后来体育文化、体育科技等战略要素都被作为衡量与评价体育强国的重要指标。在不同的历史阶段,我国对体育强国有着不同的理解,这也在一定程度上反映了中国体育的发展历史。与国际公认的体育强国相比,我国体育事业的发展还比较落后,我们必须更加清楚地认识中国建设体育强国的战略定位。

---

[①] 刘志敏,等.促进体育强国与全民健身运动协调发展战略研究[M].北京:北京体育大学出版社,2014.

第一章　体育强国战略与青少年体质健康

我国国家体育总局领导曾提到,竞技体育、群众体育、体育文化、体育法制、体育产业、体育教育、体育科研等都是体育强国应该包括的重要领域,我国要从这些领域出发使其均达到一定的水平,从而在国际体坛与国际体育组织中掌握更多的话语权,发挥更大的影响力,为世界体育的发展做出贡献,真正成为被广泛认可的当之无愧的体育强国。

上述专家学者对体育强国战略的认识是有一些共同点的,总结如下:体育强国是一个多维的综合体,其内涵涉及竞技体育、群众体育、体育文化、体育产业、体育科教等领域,并且在竞技体育、群众体育、体育文化、体育产业、体育科教等领域中呈现出很强的实力,是整体实力位于世界前列的国家。[①]

(二)体育强国的内涵

1. 竞技内涵

体育强国的内涵涉及多个领域,其中占主导的是竞技体育,其地位在体育强国战略体系中是不可撼动的。竞技体育因现代奥运会的举办而拥有良好的发展平台,竞技体育的发展对奥运会的发展又有积极的促进作用,使奥运会不断产生更广泛、更深远的国际影响力。现代奥运会已经成为世界优秀运动员角逐的战场,参与这项体育盛宴的国家、顶尖选手越来越多,参与国的整体竞技实力直接体现在奥运奖牌的数量上。因此,体育强国具有"整体竞技实力高"的特点。国家在奥运会上获得奖牌数量的多寡成为判断其整体竞技实力的主要标准,而参加项目的多少并不能作为判断标准,因为未必所参加的项目都有很强的竞争力,都会获得好的成绩。

---

① 刘志敏,等. 促进体育强国与全民健身运动协调发展战略研究[M]. 北京:北京体育大学出版社,2014.

2. 社会内涵

体育具有健身、竞技、娱乐等功能,随着体育的不断发展,其功能越来越多元化,影响范围越来越广,如使人们的生活习惯和方式发生改变,使人的工作效率和生活质量得到提高等,这也是体育参与者越来越多的一个重要原因。广大人群的参与促进了大众体育的发展,而且现在看一个国家是否富裕、充满活力、民族心态健康等,主要看该国群众体育的发展规模和水平。当前,群众体育广泛开展成为体育强国的又一个重要内涵。

3. 国家内涵

现在,世界体育大赛的参与国在不断增加,这进一步增加了国际体育组织的权力,世界体育的发展趋势和走向也逐渐由国际大型体育组织所决定,如国际奥委会及各单项联合会等。此外,体育组织的成员国的体育发展水平也直接受组织机构的影响。这些国际体育组织机构在制订规划和决策时,各成员也在积极争得话语权,希望参与决策,成员国能否在国际体坛发挥主导作用成为判断与评价体育强国的一个重要标志。

另外,体育文化已经与各民族、各国的文化紧密结合,是不同国家与民族的价值观念和思维方式的代表,建设体育强国,要求将本国体育文化融入世界体育文化大家庭,并在这个家庭中发挥主导作用。判断一个国家的体育文化是否有进入世界体育文化大家庭的潜质,主要看其是否代表了本民族或本国的自信心和自豪感,是否具有包容吸纳其他国家文化的胸襟等。

## 二、体育强国的评价标准分析

世界上有很多国家都是名副其实的体育大国,主要代表有美国、法国、英国、德国、中国、意大利、俄罗斯等。相比而言,名副其实的体育强国就比较少了,除了美国是世界上公认的体育强国外,其他号称体育强国的国家在世界上得到的认可度不是很高或者说不够一致。当前世界上还没有制定统一的标准来客观、准确地衡量与判断体育强国。世界上有一些体育咨询公司每年会以一个国家在前一年参加的所有国际性单项及综合性赛事中取得的成绩为依据来进行统计,整理出体育强国排行榜,我国也因在国际大赛上的杰出表现而多次上榜,且名列前次。这是无差别综合排序,主要从竞技体育领域出发进行评价。

然而,体育强国并不只是涉及竞技体育这一个领域,其是一个多维综合体,还包括大众体育、体育文化、体育产业、体育科教等要素。从这个综合体来考虑,还不能称我国为体育强国。中国科协学会学术部和中国体育科学学会曾联合主办以"中国体育:体育强国的辨析与建设"为主题的研讨会。此次会议上明确指出我国与体育强国是有一定差距的,并深入讨论了什么样的国家才是真正的体育强国。

其实,关于如何评价体育强国,国际国内都没有统一的标准,而且判断体育强国是只看竞技体育领域的成绩,还是也看群众体育等其他领域的发展情况,各国也没有统一的标准。这些问题制约了世界体育强国建设及我国向体育强国的迈进。因此,我国向体育强国过渡的主要突破口就在于对适合世界各国通用的评价标准的制定,只有明确了标准,我们才知道应该朝什么方向努力,要达到什么目标等。

2009年8月,我国体育学术界建立体育标准化技术委员会,该组织的主要任务之一就是研究体育强国的标准化问题。这一组织中的学者提出,建立体育标准化具有非常重要的理论意义,具体表现在以下几方面。

(1)建立体育标准化是我国发展体育事业的基础,我国体育事业的发展目标会更加明确。

(2)我国要从体育大国过渡到体育强国,必须建立体育标准化,这是必不可少的理论前提。

(3)为了实现体育事业的发展目标,必须建立体育标准化这一科学有机体。

(4)体育事业将因为体育标准化的建立而获得新的发展思路。

(5)我国体育事业的发展会因为体育标准化的建立而更加规范、科学,管理和调配上将实现高效率。

体育大国与体育强国,虽然字面上只是"大"与"强"的区别,但这个区别却是本质上的。大是数量、规模上的一个度,强是质量、实力的一个度。毫无疑问,我国是名副其实的体育大国,但因为我国地域广、人口基数大,所以和发达国家相比,在人均资源分配和资源分布密度等方面有明显差距,因此不能说我国就是体育强国。体育强国的概念不是绝对的,其具有相对性,由于现阶段缺乏统一的、定量化的评价体系,所以需要与其他国家进行横向对比才能判断。但有一点必须明确,在判断与评价时必须进行综合定性评价,以国家体育事业的总体发展实力为标准。

## 三、体育强国战略的相关问题

### (一)构建体育强国战略的结构模型

目前,我国在体育强国的认识与理解上呈现出多维化趋势,指出体育强国应包含多个领域的综合与协调发展,这些领域主要涉及竞技体育、体育文化、群众体育、体育教育、体育产业、体育法制等。有学者从国际关系学视角出发归纳以上相关领域或元素,然后总结出如图1-1所示的体育强国综合实力的构成公式。

$$\text{体育综合实力} = \underbrace{(\underbrace{\text{群众体育}+\text{竞技体育}+\text{体育科技}+\text{体育产业}+\text{体育文化}}_{\text{资源性实力}})}_{\text{体育硬实力}} \times \underbrace{\text{战略目标与国家意志}}_{\substack{\text{体育软实力}\\ \text{操作性实力}}}$$

**图 1-1**

## 第一章 体育强国战略与青少年体质健康

表1-1中列出了体育强国战略的结构要素及不同要素对应的战略定位，主要包括目标、支撑和调控三个领域。

表1-1 体育强国战略要素及定位

| 战略位置归类 | 战略要素 |
| --- | --- |
| 目标领域 | 体育文化（核心） |
| | 竞技体育 |
| | 体育产业 |
| | 大众体育 |
| 支撑领域 | 体育文化（核心） |
| | 体育科技 |
| | 体育产业 |
| | 体育教育 |
| 调控领域 | 体育文化（核心） |
| | 体育公共治理 |
| | 体育法制 |
| | 体育需求（动力） |

从体育强国战略中各结构要素的战略定位来看，体育强国战略结构具有立体性、多层性，具体可分为目标领域层次（第一层次，如图1-2所示）和支撑领域层次（第二层次，如图1-3所示）。

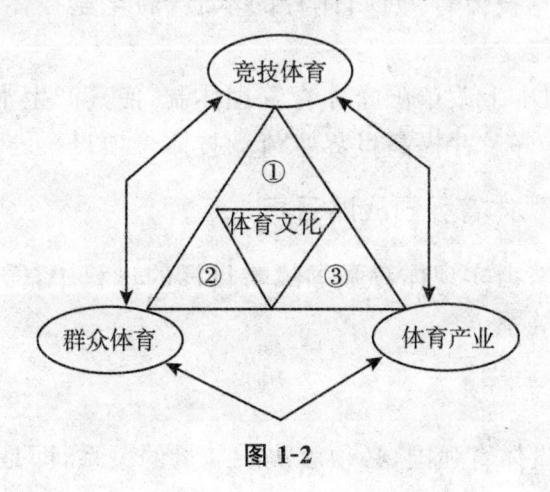

图1-2

图 1-3

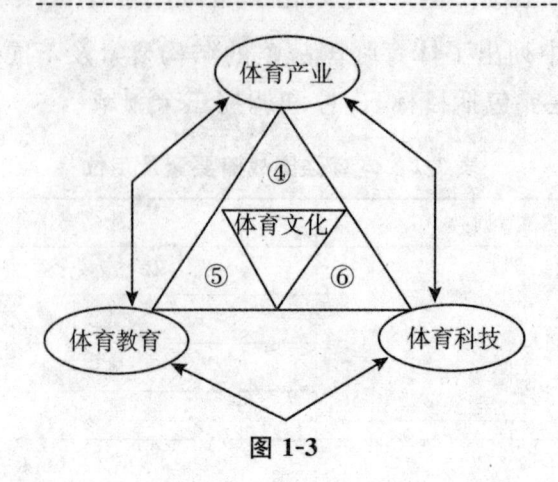

体育强国战略的不同领域中都有一个共同的抽象子区域,即体育文化,其处于体育强国战略结构的核心位置,在目标、支撑及调控领域中都居于核心地位。体育强国战略结构的第一层次与第二层次也是由体育文化这个关键节点而衔接起来的。体育强国战略结构中的调控领域发挥的主要作用是在实施体育强国战略中促进总资源的平衡,促进资源优化配置。

(二)构建体育强国战略目标

体育强国战略目标的构建应从以下几方面出发。

(1)在体育思想上取得重大突破,这是实现"体育强国梦"的必要条件。

(2)让"竞技体育"回归体育的本质,弱化竞技体育的"工具"或"手段"功能。

(3)从根本上改革国家体育管理体制,使其产生本质的变化。

(4)重点普及并提高世界主流竞技体育项目。

(三)实现体育强国战略目标

我国在努力实现体育强国战略目标的过程中,需要重点处理好以下两个关系。

1. 质与量的关系

我国建设体育强国,必须解决质与量的关系,即是集中优势资源发展"强",以点带面;还是优先扩大规模和数量,全面开花,这其实是一个两难的选择,解决优先发展谁的问题,是正确处理质与量关系的关键。我国面临的质与量的问题具体表现在以下几方面。

(1)竞技体育方面,奥运会中,参赛项目多少与奖牌数量多少,哪个更重要。

(2)群众体育方面,参与人群数量多少与养成健康生活方式,哪个重要。

(3)体育产业方面,追求更大经济价值与创造国际品牌,哪个更重要。

从当前我国的国情来看,提高"质"的积累"量"更重要,应优先发展质,这是我国快速迈入体育强国行列的关键。

2. 均衡与非均衡的关系

我国体育事业的不断发展是以非均衡性为主要动力的,均衡性可能会阻碍体育的发展,只有在特定的条件和前提下,两者才能相互转化。对它们之间的关系进行正确处理,是我国实现体育强国战略目标的另一个关键。

处理非均衡与均衡的关系,主要是将各组成部分的发展尺度掌握好,其中最为重要的是促进竞技体育与群众体育的协调发展。我国应走出封闭的体育发展模式,将竞技体育推向社会,与群众体育密切结合,缩小二者的距离。

# 第二节 体质与现代健康观

## 一、体质

### (一)体质的概念

体质是人体的质量,是基于遗传性和获得性而表现出来的人体形态结构、生理功能和心理因素综合的、相对稳定的特征。[①]

从体质的概念中我们能够看到,在体质形成中遗传因素占有重要地位,人的体质在遗传基础上拥有了发展的可能性。此外,环境对人类的生存、发展和变化又有重要影响。

(二)体质的内涵

体质的内涵具体体现在以下几个方面。

(1)人是一个有机整体,各组成因素之间相互协调、统一。人的各种能力的统一从体质上综合表现出来。人们学习、工作、生活都需要以健康的体质作为基础。社会和经济的发展潜能一定程度上取决于人类的体质水平。

(2)遗传因素对人的体质产生作用的同时,后天因素也对人体的塑造产生了重要影响。不同民族、性别、年龄的人体质发展的形式不完全相同,有其自身的特性,但也存在一些共性与规律性。

(3)人的身体与心理在变化与发展过程中存在着非常密切的联系,这也从本质上体现了人与动物的区别。

(4)人的体格发育水平、生理功能强弱主要从身体素质、运动能力等外在方面体现出来,促进体格发育,改善生理功能,可通过科学合理的锻炼而实现。

(5)在人的体质状况评价中应综合考虑各方面的因素。

(6)体质的概念及范畴将随着社会的发展、科研的进步及人们思维方式的变化而日臻完善。不同时期的体质概念都是对当时现实的抽象概括,任何一个时期提出的体质概念都不能代表人类对此认识的终结,真理是没有穷尽的。随着人们认识水平的提高,体质的内涵将越来越丰富、完善。

(7)体质研究系统而复杂,这个过程是没有尽头的,涉及的研究领域纵横交错,紧密联系。所以,体质研究呈现出"跨越"性趋

---

① 毛亚杰.大学生健康教育[M].北京:北京理工大学出版社,2014.

势和综合性趋势,具体表现为跨区域、跨学科及跨专业。但是,有时也有必要从某一学科和领域着手进行深入研究,以弄清某些课题。但在研究中要与其他学科联系起来,善于将其他领域的研究成果借鉴过来,提高研究效率。

(三)体质的结构

体质的含义具有综合性,是一个由多种要素组成的综合系统。体质的构成要素也是分层级的,如一级要素包括体格、身体机能、体能、适应能力以及精神状态,二级要素是基于一级要素而划分的,完整的结构如图 1-4 所示。

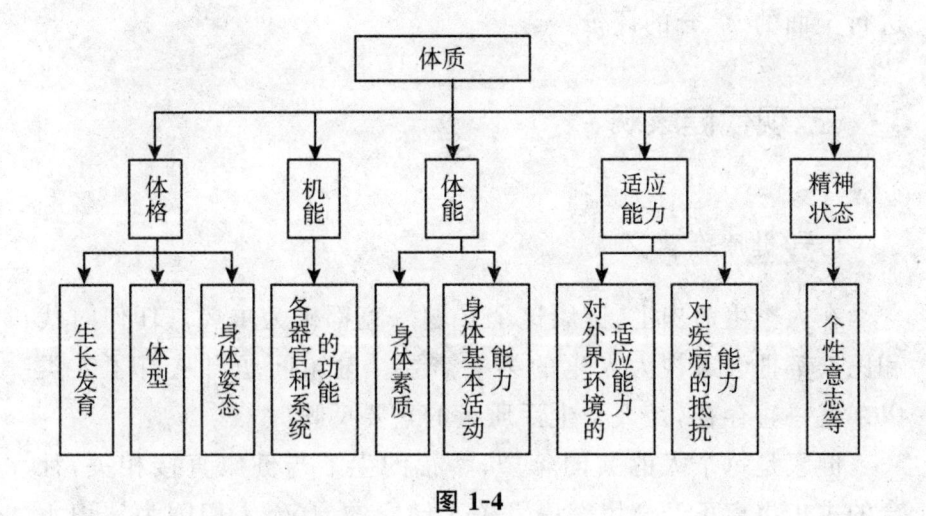

```
                        体质
       ┌────────┬────────┼────────┬────────┐
      体格     机能     体能    适应     精神
                                 能力     状态
    ┌──┼──┐    │      ┌──┤    ┌──┤      │
   生  体  身  各器官  身  身   对  对    个
   长  型  体  官和    体  体   外  疾    性
   发      姿  系统    素  基   界  病    意
   育      态  的功    质  本   环  的    志
                能          活   境  抵    等
                            动   的  抗
                            能   适  能
                            力   应  力
                                 能
                                 力
```

图 1-4

(四)理想体质

所有个体体质的形成与发展都会表现出明显的阶段性特征,而且不同个体的体质发展与变化会有一定的差异性。人的体质水平是在不断变化的,可能在这一阶段是健康的,身心均达到最佳功能状态,但到了另一阶段就会进入疾病状态,功能障碍突出。在人的不同状态中,体质功能表现出来的较高水平就是理想体质。具体而言,理想体质是指个体在遗传基础上,通过改善物质生活条件、进行科学锻炼等途径而达到的全面良好状态。

理想体质具有以下特点。

(1)形态发育良好,有匀称的体形和健壮的体格。

(2)身体健康,主要器官与组织的功能正常。

(3)主要生理系统功能正常,如心血管系统等。

(4)心理健康,如拥有乐观的情绪,坚定的意志,较强的抵抗能力和比较健全的个性。

(5)活动能力、劳作能力、运动能力强。

(6)环境适应能力强。

不同年龄、性别、职业的人的理想体质有不同的特征。因此,对理想体质的评价要全面考虑这些因素,构建完善的指标体系,进行全面的、综合的评价。

## 二、现代健康观

(一)健康新含义

在人类生命史上,健康这个课题一直都极为重要。任何时代和民族都把健康视为人生的第一需要。健康问题自从有了人类以来就一直存在,是人类生活质量的重要反映。

健康是每个人的共同希望,幸福的生活与健康直接相关,社会的进步也离不开全民健康。关于健康的含义,人们因为认识水平、文化水平、个人经验及生活环境的不同而有不同的理解。

健康与疾病相对立,这是两个典型的生命活动现象。健康的概念是动态变化的,在不同的历史阶段,因为生产力、科技水平、观念、文化和环境等的不同,所以人们对健康也就形成了不同的认识。社会在不断进步,科技在日益发展,在这个过程中,人们的认识水平也在不断提高,所以对健康的认识与理解也越来越准确、全面而深入。

疾病就是机体形态结构紊乱、组织器官功能障碍,健康就是没有躯体疾病的观念长期以来一直干扰着人们对健康的正确认识。随着医学模式的不断完善,慢性病(肿瘤、心脑血管病、老年病等)对人类健康的威胁已远远超过传染病(自然疫源所致),而慢性病与社会因素、人类生活方式、行为习惯、心理密切相关。当前,我国因慢性病而死亡的人数在死亡总人数中的比例在不断提升,慢性病成为人们生命的主要"杀手"。

"无病、无残、无伤"并不表示就一定健康,我们要准确、全面地理解健康。现代意义上的健康,其含义包括多个层面,世界卫生组织(WHO)指出:健康不仅是没有疾病或病痛,而且是一种身体上、心理上和社会适应能力上的良好状态。[①] 从这个定义来看,只有具备躯体健康、心理健康、对社会具有良好的适应性这三个标准,才是真正健康的人。有些人看似身体壮得像头牛,但心理却不健康,且经常精神不集中,生活质量差,这不是真正的健康。

后来有人主张在健康的范畴中纳入"道德健康"这一项标准与内容,因此健康的含义就在上面的基础上又增加了道德健康,这是WHO提出的健康新概念。

我们从新的健康概念中能够发现,人具有整体性,人体与环境相联系、统一,二者必须保持协调、适应。人与环境相互适应、协调的过程中,处于主动地位的是人,人只有发挥主动性,才能对健康有更好的认识,才具备一定的条件去实现健康。不管是个体的健康,还是社会的进步,都会受人自身行为和生活方式的影响。因此,我们不能等生病了才想着去治病,这是被动的,人应在疾病发生之前就有一定的预见性,要学会对疾病的积极预测,预测时不能只看自己的生物指标,对心理指标、社会指标等均要考虑;而且要在监测个体健康的基础上展开对群体、社会的健康监测,进行综合、广泛的健康评价。人具有自然和社会双重属性,所以在健康评价中要全面考虑,人与健康是相互作用与相互影响的,要深入分析二者之间的因果关系,然后在此基础上更新健康观。

---

① 毛亚杰.大学生健康教育[M].北京:北京理工大学出版社,2014.

人不能只将实现躯体健康作为最终健康目标而去追求,而应认识到躯体健康是一个重要的必备的物质条件,在这一条件下人们努力争取更高尚、更精彩的生命与生活。或者说,人类生命质量和生活质量的提高是建立在健康基础上的,所以健康不止有维持个体生存和延长寿命的价值,提高生命的社会价值是健康更深层次的价值与意义。人只有拥有健康的身体,才会拥有充沛的精力,才会以饱满的精神去为自己的人生理想与目标而努力;只有一家人健康,家庭才有富裕和幸福的资本;只有企业所有职工都健康,企业才会获得更好的发展;只有全民健康,国家才会繁荣昌盛。健康,是人类最宝贵的财富;健康,是社会昌盛的保障;健康,是生命幸福美满的基础。群体健康是一个非常重要的社会目标。全人类在健康方面所追求的共同理想和目标是"人人享有卫生保健",这是经济发展、社会进步、民族昌盛的保证。

(二)亚健康

亚健康在健康与疾病之间,包含以下几种相互联系但又有所不同的状态。

1. 身心轻度失调状态

情绪低落,注意力不集中,食欲下降,失眠等。

2. 潜临床状态

产生某一病理损害的可能性因素潜伏在身上。

3. 前临床状态

已发生病理变化,但还未表现出明显的临床症状。

在亚健康阶段,身心交互作用,随时都有发生疾病的危险。如果提前预测,从生理、心理、行为方式等方面有针对性地采取积极的干预措施,就有可能阻止从亚健康状态转变为临床疾病状态,甚至能摆脱亚健康状态,过渡到健康。

## 第一章 体育强国战略与青少年体质健康

### (三)"完全健康"新理念

有学者指出,"完全健康"指的是身体、心理、社会各层面之间保持相对平衡和良好状态。后来随着社会的发展和人们认识水平的提高,又有学者指出"完全健康"指的是同时满足躯体健康、心理健康、社会适应良好和道德健康四个条件的全面健康。

David J. Anspaough 等人指出,健康概念及与之相关的基本内涵都囊括在了"完全健康"的体系中,如图 1-5 所示。

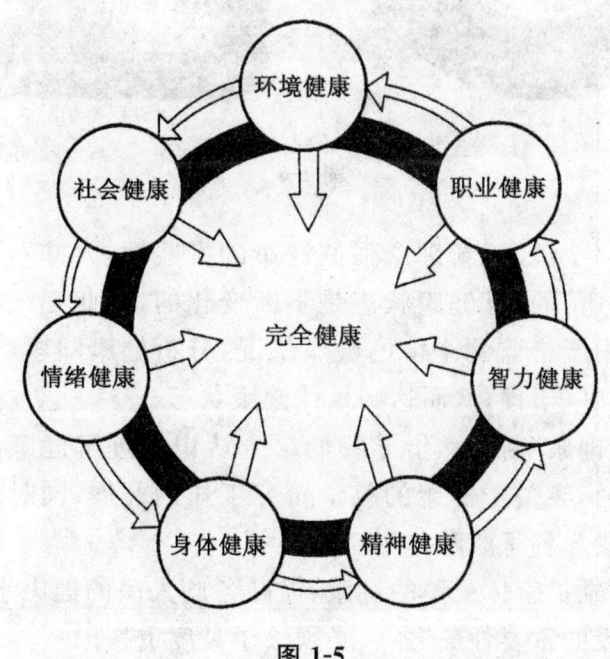

图 1-5

"完全健康"理念与传统健康观念存在以下区别。

(1)"完全健康"新理念强调健康体系的结构要素相互之间存在着密切的联系,各个要素之间达到平衡发展状态才是新健康理念的追求。

假如健康是拥有 5 个气仓的圆形车轮,如果每个气仓的气都充足,才算是完全健康(图 1-6a),此时各要素是平衡发展的。一旦有一个气仓没有充满气,车轮就会变形,无法正常运行,此时健康的价值就会大打折扣(图 1-6b)。

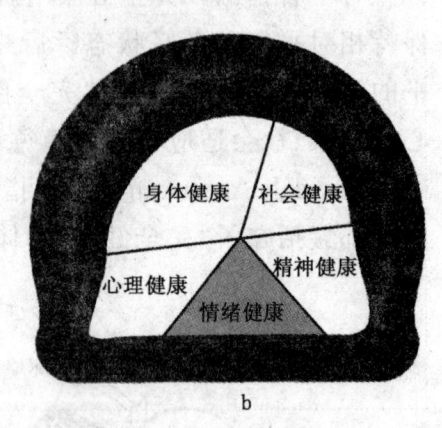

图 1-6

(2)"完全健康"新理念强调健康的实践性,人并不是天生就是"完全健康"的,且健康状态是不断变化的,因此必须在生存与生活实践中严格监测个体的健康情况,分析健康问题,然后采取有效措施加以干预,从而达到最佳健康状态。

"完全健康"新理念指导我们深入认识与理解健康的概念与丰富内涵,指导关于健康的科学研究工作的开展,同时对人们追求全面健康起到了激励作用。

总之,维护全体公民的健康,提高各族人民的健康水平,是社会主义建设的重要任务之一,必须给予高度重视。

## 第三节 青少年体质特征

在人的一生中,青春期是生长发育的关键时期,青少年的生长发育速度在神经—内分泌系统的调控下不断提升,生殖系统的发育在这一时期也会出现第二性征。男女两性各自的体态特征在这一时期会越来越突出,且表现出一定的差异,如形态差异、功能差异和身体素质差异等。

下面具体分析青少年群体中比较明显的体质特征。

## 一、生长突增

人进入青春期的一个重要标志就是生长突增,这突出反映了青少年的身体发育情况。一般来说,男生在 11～13 岁、女生在 9～11 岁身高开始突增,男、女生身高每年增长的范围分别是 7～9 厘米、5～7 厘米。男生的身高在女生出现身高突增现象后 2 年左右也开始突增,女生比男生提前结束骨骼生长,到了成年时,女性平均身高比男性大约少 10 厘米。

青少年的生长发育可分为三种类型,即早熟型、平均型和晚熟型,判断时要计算青少年骨龄与时间年龄的差值。早熟型的青少年有较短的生长期,最终身高一般要比平均身高低;晚熟型的青少年在相对较晚的时间出现生长突增现象,有较长的生长期,最终身高一般要比平均水平高。

## 二、体型和体态

青春期男生与女生在遗传的影响与内分泌的调控下,形态发育变化明显,最终形成的体型和体态有明显的不同。

青春期后,男生有高大的身材,宽阔的上体,较长的四肢和发达有力的肌肉;女生则相对较矮,下体明显比较宽,四肢的长度总体较短,体脂较为丰富,形成丰满的体态。

从体型上,早熟型的女生女性特征更明显,晚熟型的女生女性特征较弱,与男性特征比较接近。而早熟型的男生男性特征不明显,与女性特征接近,晚熟型的男生男性特征更明显。

## 三、体脂和瘦体重

青少年时期,男生的体脂随着年龄的增长和性征的发育而逐渐减少,女生则有所增加。与女生相比,男生不管是瘦体重,还是去骨瘦体重,都明显较高,而青少年在骨矿物含量上没有明显的性别差异。青春期女生雌激素的分泌速度明显增加,胰岛素和糖皮质激素在刺激下也有所分泌,因此而合成了蛋白质,促进了脂肪沉积,肌肉增长明显。同时,睾丸酮对脂肪沉积具有一定的控制作用,因此男生在15岁以后皮下脂肪不断减少。

### 四、身体素质

相关调查显示:男生有关身体素质的各项指标的增长高峰,除速度(50米跑)在7~8岁出现外,其他素质的增长高峰都出现在12~16岁这个阶段;女生在7~9岁这个阶段时,力量、速度等大部分素质出现增长高峰,而柔韧和耐力素质的增长高峰出现在进入成年期后的一两年内。一般的,男性与女性的各项身体素质在成年后都有下降趋势。

## 第四节 青少年体质健康与体育强国的关系解析

### 一、青少年体质下降对体育强国目标的影响

少年强则国强,在体育强国战略中,青少年体质健康问题是一项不可忽视的重要内容。身体健康、体魄强健对青少年个人来说,是获得幸福和实现自我价值的基础与前提,对国家和民族来说,国民都达到这样的体质健康水平可彰显强大的综合国力,国民健康是社会生产力形成、进步及创新的源泉。中华民族要凭借青少年健康、国民健康这一根本来屹立于世界民族之林。

我国从1985年起多次调查全国青少年体质健康情况。近年

来的体质监测结果表明,青少年的力量素质、速度素质、耐力素质等体能素质有持续下降的趋势,视力不良率一直保持在较高的水平,超重、肥胖比例明显上升,且城市青少年的超重、肥胖现象更为严重,部分农村青少年存在营养不良的问题。如果不及时解决这些问题,不仅会对青少年的健康成长造成严重影响,还会使体育强国战略目标的顺利实现受到威胁。

## 二、国家重视青少年体质健康,努力向体育强国迈进

增强国民体质,促进国民体育需求的满足,使体育发展、社会进步的成果真正被国民共同享有,这是我国体育强国建设的根本目标。我国对国民体质问题给予高度重视,并把提高青少年体质健康放在重要的位置。为了保证青少年体质健康与国民大健康,国家制定了一系列相关政策文件,如 2007 年《关于加强青少年体育增强青少年体质的意见》;2014 年《学生体质健康监测评价办法》《中小学体育工作评估办法》《学校体育工作年度报告办法》《国家学生体质健康标准(2014 年修订)》;2016 年《关于强化学校体育促进学生身心健康全面发展的意见》等。[①] 此外,《全民健身计划纲要(2011—2020)》也指出要把增强学生体质作为学校教育的基本目标和重要的评价内容。在这些相关政策的指引及有关部门的监督下,我国青少年的体质健康状况必定会有所好转,这对于我国推进体育强国战略工作具有重要意义。

---

[①] 周丛改.体育强国目标下青少年体质健康促进机制探讨[J].成都体育学院学报,2011,37(06):33-36.

# 第二章 当前我国青少年体质健康现状调查与原因分析

近年来对我国青少年学生身体情况的监测结果表明,青少年身体素质呈持续下降趋势。如果任由这一趋势发展下去,体育强国建设、中华民族繁荣富强等必然会受到严重影响,最终导致国无栋梁之材。因此,深入调查与分析当前我国青少年的身体情况及影响因素,并基于此提出科学且具有针对性的改善策略具有非常重要的理论意义和现实意义。本章特针对此展开相关分析与研究,以期提供现实参考与科学指导。

## 第一节 我国青少年体质健康现状与问题调查

为了了解我国青少年体质健康情况,倪艳秋随机调查了1 100名中小学生,调查数据与结果能为思考与制定提高青少年体质健康水平的对策提供重要依据。下面从调查结果来分析我国青少年体质健康现状。

### 一、视力与肥胖现状

(一)视力

从表2-1的调查结果来看,我国小学生和中学生的近视率都较高,而且随着教育阶段的增加而不断提升,小学、初中与高中的

第二章 当前我国青少年体质健康现状调查与原因分析

近视率分别达 54.17%、77.22%和 82.78%,视力情况不容乐观,且近视的低龄化趋势明显。

表 2-1 青少年近视率调查[1]

| 教育阶段 | 近视率 |
| --- | --- |
| 小学 | 54.17% |
| 初中 | 77.22% |
| 高中 | 82.78% |

小学生近视率高是近视低龄化的反映。小学生近视与电视、手机、电脑等现代电子产品的应用有关。对于他们而言,这些已经成为生活中不可缺少的东西了。看书、写作业时用眼方式不正确,再加上电子产品的刺激,小学生视力下降已是必然结果。初中生、高中生面临中高考压力,学业负担重,长时间做练习题,而且对用眼卫生不太在意,导致眼睛过度疲劳,出现近视。

(二)超重、肥胖

从表 2-2 和表 2-3 的调查结果来看,城市男、女生的超重率分别是 20.15%和 12.01%,乡村男、女生的超重率分别是 16.38%和 11.32%;城市男、女生的肥胖率分别是 18.22%和 7.26%,乡村男、女生的肥胖率分别是 15.12%和 7.55%。调查结果的柱状图如图 2-1 所示。

表 2-2 城乡青少年超重调查[2]

| | | 超重率 |
| --- | --- | --- |
| 城市 | 男生 | 20.15% |
| | 女生 | 12.01% |
| 乡村 | 男生 | 16.38% |
| | 女生 | 11.32% |

---

[1] 倪艳秋.青少年体质健康现状及干预对策研究[D].鲁东大学,2013.
[2] 同上。

表 2-3　城乡青少年肥胖调查[①]

|  |  | 肥胖率 |
|---|---|---|
| 城市 | 男生 | 18.22% |
|  | 女生 | 7.26% |
| 乡村 | 男生 | 15.12% |
|  | 女生 | 7.55% |

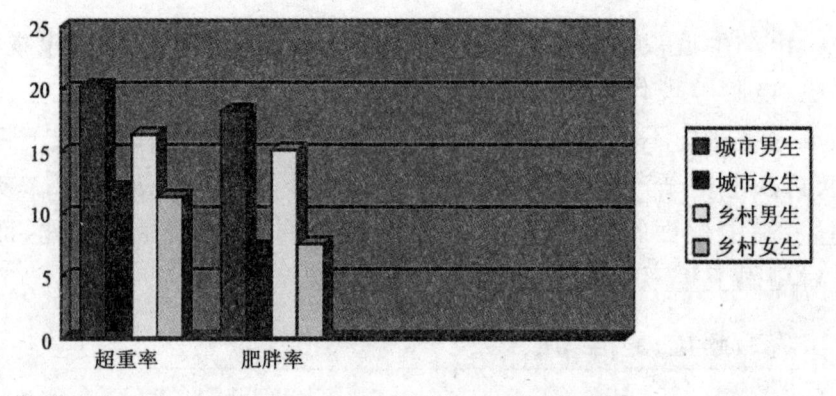

图 2-1[②]

超重、肥胖已经成为青少年群体中具有普遍性的严重问题，男生、女生的状况都不容乐观，而且还有继续恶化的趋势。相对来说，男生超重率和肥胖率都比女生高，城市和乡村都是如此，这与女生注意体形、减肥有关。男生超重、肥胖的情况也有地区差异，主要是城市比乡村严重，这与城市男生零花钱多、运动量少、活动范围小等有关系。

## 二、身体形态现状

下面主要分析对青少年身高的调查结果。

---

① 倪艳秋. 青少年体质健康现状及干预对策研究[D]. 鲁东大学,2013.
② 同上.

青少年学生的身高与年龄变化成正比。7~11岁的男生身体增长较快,年均增长5厘米;12~14岁增长迅速,年均增长7厘米;16~17岁增长缓慢,年均增长小于2厘米。

7~13岁的女生身体增长迅速,年均增长5厘米;14~18岁增长缓慢,年均增长1厘米。

青少年的身高有城乡差异,城市略高于乡村,11~15岁阶段,城市男生的身高比乡村男生平均高3厘米左右。城市女生的身高比农村女生平均高出约2厘米。之后随着年龄的增长,青少年身高的城乡差距有减小趋势。

## 三、身体机能现状

下面主要分析对青少年肺活量的调查结果。

调查显示,青少年肺活量的区间范围为1 290~3 680毫升,男生、女生的范围分别是1 510~3 680毫升、1 290~2 600毫升。随着年龄增加,肺活量也有所增长,但男生与女生以不同的幅度增加。

男生肺活量大幅度增长的两个阶段是8~10岁和13~15岁,增长幅度不断下降的阶段是11~12岁,肺活量基本平稳的阶段为16~17岁。女生肺活量增长幅度不断提升的阶段是8~12岁,幅度有所下降的阶段是14~17岁。

青少年的肺活量水平也存在城乡差异,基本特征是城市高于农村。虽然差距不明显,但也要注意农村体育的发展,尽可能使城乡差距缩小,使二者达到平衡。

## 四、身体素质现状

### (一)力量素质

通过立定跳远测试能判断青少年的力量素质水平,测试结果如图 2-2 所示。

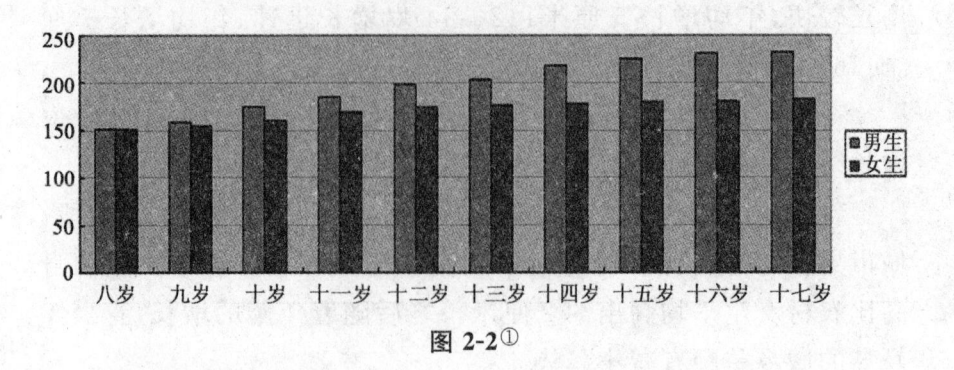

图 2-2[①]

随着年龄的增长,青少年的力量素质水平也会不断提升,男生的力量素质水平明显高于女生。女生力量快速增长的阶段是 10~13 岁,之后缓慢增长(13~15 岁),力量基本没有变化。男、女生力量素质的差异从 11 岁开始显现出来,男生力量快速增长的阶段是 11~13 岁,男女生在 13 岁以后的力量差距越来越明显。

从测试结果来看,多数青少年的成绩是中等,少数青少年成绩较差和较好。

青少年的力量素质也存在城乡差异,总体来看城市青少年的力量素质较好一些。

(二)速度素质

用 50 米跑测试可以判断青少年的速度素质水平,测试结果如图 2-3 所示。

测试结果显示,随着年龄的增加,青少年的速度素质也会提升,而且青少年男生比女生拥有更好的速度素质。女生速度素质增长迅速的阶段是在 7~13 岁,相对稳定的阶段是在 14~17 岁。男生 16 岁以后速度素质也趋于稳定。

---

① 倪艳秋.青少年体质健康现状及干预对策研究[D].鲁东大学,2013.

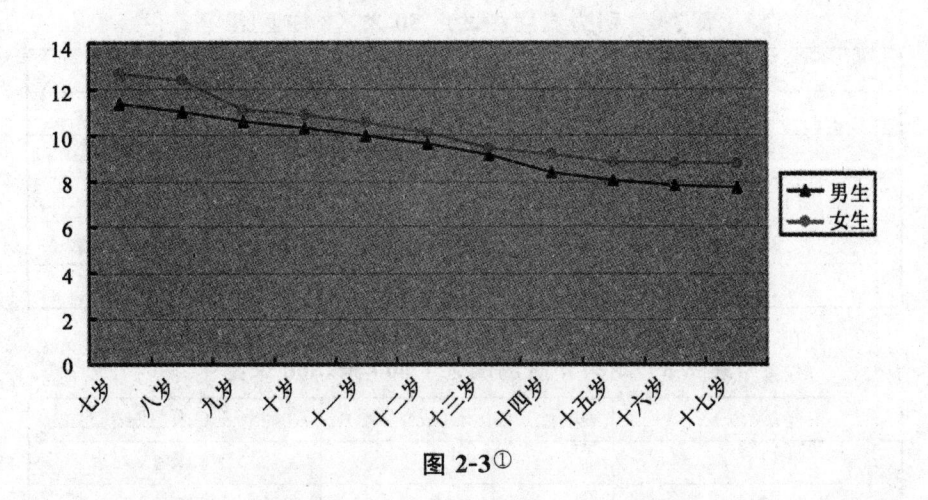

图 2-3[①]

青少年的速度素质性别差异明显,但城乡差异很小,这说明随着农村经济的发展及生活水平的提高,青少年的身体素质与城市青少年越来越接近。

青少年的 50 米跑平均成绩良好,表明青少年的速度素质整体较好,但成绩不及格的也有一部分,这些学生要特别注意锻炼,体育教师多鼓励和指导这些学生。

(三)耐力素质

要判断青少年的耐力素质水平,可进行 50 米×8 往返跑(男、女,8~12 岁)、1 000 米跑(男,13~17 岁)、800 米跑(女,13~17 岁)的耐力测试,测试结果见表 2-4、表 2-5。

青少年在 8~12 岁这个阶段,随着年龄的增加,耐力素质也不断上升。青少年的耐力素质存在明显的性别差异。就 1 000 米跑和 800 米跑的测试成绩来看,男、女生在 13~17 岁这个阶段的耐力素质是随着年龄增长而上升的,之后增幅有所下降。

进一步调查后发现,16 岁、17 岁年龄组城乡男生的耐力素质有明显差异,其他年龄组差异较小。这就要求中学体育教师在体育教学中要多培养学生的耐力素质。

---

① 倪艳秋. 青少年体质健康现状及干预对策研究[D]. 鲁东大学,2013.

表 2-4　耐力素质测试之 50 米×8 往返跑①

| 年龄(岁) | 男生(成绩:秒) | 女生(成绩:秒) |
| --- | --- | --- |
| 8 | 104.50 | 118.65 |
| 9 | 101.77 | 115.55 |
| 10 | 100.10 | 108.10 |
| 11 | 99.25 | 106.85 |
| 12 | 97.20 | 100.55 |

表 2-5　耐力素质测试之 1 000 米、800 米跑②

| 年龄(岁) | 男生 1 000 米(成绩:秒) | 女生 800 米(成绩:秒) |
| --- | --- | --- |
| 13 | 259.55 | 231.25 |
| 14 | 249.50 | 226.85 |
| 15 | 240.35 | 224.50 |
| 16 | 238.65 | 222.35 |
| 17 | 237.10 | 220.20 |

# 第二节　青少年体质健康问题成因的多维分析

社会、家庭、学校是影响青少年体质健康的三大关键要素,具体分析如下。

## 一、社会因素

### (一)社会政策

1. 国家体育政策

近年来,我国为了发展大众体育与学校体育,颁发了一系

---

① 倪艳秋.青少年体质健康现状及干预对策研究[D].鲁东大学,2013.
② 同上.

列政策文件,如《国家体育锻炼标准试行办法》《全民健身计划纲要》《学校体育工作条例》《2017年青少年体育工作要点》《国务院关于加快发展体育产业促进体育消费的若干意见》等,这些政策对促进我国体育事业的发展及国民体质的增强具有重要意义。

但是,相对来说,我国在竞技体育方面的投入远远要大于学校体育、大众体育。竞技体育是衡量国家体育发达程度的一个重要标志,也是国家展示自己科技、经济、文化发展水平的一个重要窗口,因此应优先发展。在国家的大力支持下,我国竞技体育的发展取得了明显的成就,这从我国在奥运会中取得的奖牌数和金牌数中就能够看出来。虽然我国竞技体育事业取得了一定成绩,但国家在举国体制下极度重视竞技体育,在一定程度上制约了学校体育和群众体育的发展,导致竞技体育、大众体育与学校体育的发展严重不平衡,大众体育、学校体育徘徊不前,无法保证青少年体质健康和国民体质健康。

2. 独生子女政策

因独生子女政策的实施,我国人口的增长有所缓解,环境压力减轻,资源配置日渐优化,人均资源水平也不断提升,这是我国实施独生子女政策带来的积极影响。但我们必须承认这同时也带来了一些负面影响,如人口比例失调、老龄化、未来劳动力不足以及一些教育问题等。此外,青少年体质下降也与此有直接的关系,独生子女政策使家庭结构模式发生了变化,一个家庭中多个长辈宠一个孩子,教养方式出现问题,对孩子溺爱、娇生惯养,不让孩子做家务和参加有一定风险的体育活动,从而影响了孩子的健康成长。为了进一步证实这个问题,张颋对青少年学生是否为独生子女及其做家务情况进行了调查,见表2-6和表2-7。

表 2-6 青少年学生独生子女情况调查（$n=583$）①

| 组别 | 是否为独生子女 ||
|---|---|---|
|  | 是 | 否 |
| 小学组（294 人） | 185 | 109 |
| 中学组（289 人） | 193 | 96 |

表 2-7 青少年学生参与家务劳动情况调查（$n=583$）②

| 组别 | 是否经常做家务 |||
|---|---|---|---|
|  | 经常 | 偶尔 | 从不 |
| 小学组（294 人） | 26 | 159 | 109 |
| 中学组（289 人） | 116 | 162 | 11 |

上述调查结果表明，现在很多中小学生都是独生子女，且做家务的情况不容乐观。

3. 人才选拔政策

近几十年来，我国一直都实行高考这一人才选拔机制，高考制度在培养国家栋梁、凝聚发展人才方面所起的作用与产生的影响非常重要。现在，随着社会形势的变化，高考制度下的教育体系出现了一些问题，如学校片面追求分数、升学率，忽视体育与健康教育，以学生身体健康为代价等。从高考"指挥棒"造成的负面影响来看，青少年学生受到了最为严重的危害。

高考这种"应试"人才选拔机制增加了青少年的学习压力，学校的智育独领风骚，而德育、美育、体育不受重视。2012 年《中国教育报》中一则"清华自主招生加测体质"的报道指出，2011 年报名参加清华大学自主招生的 1 200 名考生中，有一半以上选测了体质，但达到优秀水平的一个都没有，一半以上的学生体测成绩

---

① 张颋. 青少年体质状况的客观影响因素及对策研究[D]. 苏州大学，2016.
② 同上。

不及格,可见我国的人才选拔机制是存在问题的。①

(二)社会观念

在我国,传统"重文轻武"的社会观念对整个国家与民族的发展造成了严重的影响,这种思想根深蒂固,使人们对个人全面发展的认识发生了扭曲,也导致人们无法形成正确的体育观。在传统社会观念中,人们普遍认同"学而优则仕"的观点,人们在这一观念下追求的是前途,而不是健康,甚至以牺牲健康为代价去追求所谓的幸福。

现如今,社会就业越来越难,行业竞争压力越来越大,赤裸裸的社会问题直接影响亿万青少年学生,导致学生为了生活而学习、为了生存而读书,他们为了能够顺利就业,一心扑在文化学习上,没时间锻炼,从而严重影响了身体健康。

在传统社会观念中,人们对体育、对从事体育行业的人有偏见,这已是司空见惯的,人们觉得体育没什么可研究的,体育行业的人就是头脑简单四肢发达的人等。这些认识上的偏失、不正确的健康观念与舆论等对青少年从事体育、参与体育的热情造成了影响,因此也影响了青少年的体质健康。

(三)社会经济

社会经济的影响主要体现在经费投入失衡上。我国对竞技体育的经济投入远远比在学校体育和大众体育上投入的多,学校、社区缺乏体育锻炼场所、设施,从而影响了青少年的体育锻炼。

## 二、家庭因素

(一)家庭教育观念

家庭教育观念对青少年的世界观、价值观、人生观有极其重

---

① 张颋. 青少年体质状况的客观影响因素及对策研究[D]. 苏州大学,2016.

要的影响。受传统教育观念、健康观念、体育观念的影响,很多家庭缺乏对孩子科学的健康教育,一些不当做法影响了新一代青少年的健康成长与全面发展,如限制孩子的户外活动、剥夺孩子体育活动的自由、过分宠爱、给孩子报各种补习班等。

(二)家庭生活环境因素

家庭生活环境对青少年体质健康的影响十分关键。良好的家庭健康教育和生活环境有利于青少年健康生活方式和行为习惯等的形成。但随着家庭生活环境和生活方式在改革开放后的急速改变,青少年群体的健康受到了明显的影响,如家庭"网络化生活""静态化生活""营养过剩"等问题阻碍了青少年的健康成长。

## 三、学校因素

(一)学校体育教育观念的误区

在我国学校体育教学中,学校领导及相关人员对体育内涵的理解缺乏深度,单把体育理解为 Sports,忘了什么是 Physical Education,更不用说 Fitness and Wellness(体能与健康)。而且,学校体育的竞技化趋势越来越突出,把结果看得越来越重。其实,竞技运动是属于少数人的运动,与中小学体育与健康的发展方向不一致。

(二)体育教学模式存在弊端

我国学校体育教学模式存在以下几个突出的问题。
(1)体育教学内容滞后。
(2)体育教学组织形式单一。
(3)体育教学方法陈旧。
以上问题导致学生远离体育,逃避体育,不喜欢上体育课。

### (三)学校体育设施不达标

随着城市化推进,我国大部分学生居住的环境不具备体育运动条件,中小学的体育设施覆盖率也不容乐观,城市中某些学校被商业环境吞噬,而农村学校购办体育设施的实力较弱。城乡中小学中的体育设施很多都没有达到国家硬性规定,从而严重制约了学校体育与学生体质的发展。

## 第三节 了解青少年体质健康发展需求

### 一、青少年体质健康需求的本质

增强身体的适应能力是青少年体质健康需求的本质,这是不容置疑的。但目前的实际情况是,小学生大都只是在体育课上或课间操上进行体育锻炼,平时下课、回家都很少参加锻炼,因为学校、家长担心孩子会有危险。而初中学生基本上凭兴趣参加体育运动,而且初中安排的体育课较少,运动器材有限,开设的体育项目不受欢迎。高中生一心只想着高考和大学,所以拼命学习文化知识,只在体育课上参加短时间的体育锻炼,甚至有时候这点时间都会被占用,可以说基本上没有锻炼时间。

能否成功构建青少年体质健康服务体系,且其能否发挥自己的作用,主要看青少年体质健康的需求程度,这是前提条件。因此首先要深入了解青少年的体质健康需求。需求是指"因需要而产生的要求";心理学上指"引起个体行为的内在动力"。我们可以将青少年体质健康需求解释为青少年因对体质健康的需要而产生的要求。[①]

---

① 李建臣,任保国. 青少年体能锻炼与体质健康[M]. 北京:化学工业出版社,2014.

青少年追求体质健康的内容及行为方式很大程度上由其对体质健康的需求所决定。虽然先天遗传因素会影响青少年体质健康水平,但相对来说,要使其体质健康情况向高水平发展,主要还是要靠后天的干预。因果规律是事物发展的客观规律,"因"在这里特指青少年的体质健康需求,而需求量对供给有直接的决定性作用,只有明确青少年对体质健康的需求,服务供给才更有方向性。服务供给的主要目的就是满足青少年体质健康的合理有效需求,只有达到这一目的,青少年参与体育锻炼的兴趣、动机才会被激发出来。

## 二、青少年体质健康需求的内容

青少年自身的情况及周边的环境等会影响其做出某种行为的动机,随着内部与外部因素的不断变化,同一青少年个体的行为动机也会发生相应的变化。青少年的体质健康需求从某种意义上来说具有可塑性。不同的青少年在体质健康需求的内容上会有差异,但这可以采取相应的对策来实施干预,如刺激体质健康需求干预、体质健康教育干预等,从而使青少年体质健康的潜在需求向显性需求转化,不合理的需求向合理需求转化,甚至还能使没有需求的青少年产生合理的健康需求。

青少年的体质健康需求要完完全全自发形成几乎是不可能的,这是从人的需求动机的规律特点这个角度出发来考虑的。青少年只有先接受体质健康教育,对自身的体质健康情况有了正确的认识和了解,先有了这些"因",才会产生体质健康需求,也就是产生这个"果"。

遗传、教育、自然环境、社会文化环境、营养、个性心理、生活习惯、体育活动等是影响人体健康的主要因素,目前人类对这些因素的认识水平是比较高的,但能够真正认识到其中的体育活动因素是最为积极的因素的人则不是很多。我们必须承认,在促进青少年体质健康发展方面,体育锻炼的作用是其他任何因素都无法代替的,这是促进青少年体质健康水平不断提高的核心手段。

需要注意的是,所有的需求都是一个复杂的体系,无一例外。以体育锻炼为例,青少年参与体育锻炼,必然要具备体育资金、场地设施、体育组织、运动指导等一系列条件。同时对体育法律政策、体育舆论氛围、体质健康监测等也有不同程度的需求。体育锻炼需求是青少年体质健康需求中一个非常重要的组成部分。体质健康需求是一个复杂的体系,包含图2-4中所示的一系列需求要素。

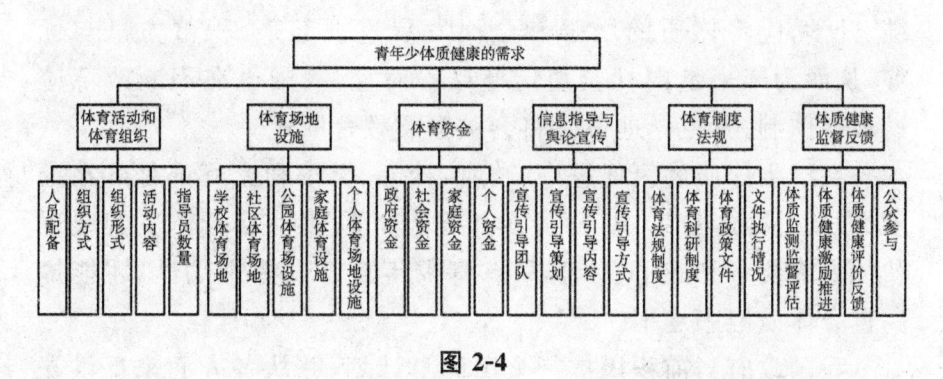

图 2-4

## 第四节 体育强国视角下对青少年体质健康发展对策的总体思考

建设体育强国,首先要提高青少年体质健康水平。青少年体质健康问题涉及很多方面的因素,而且产生的影响也是广泛的,因此应动员社会各界共同关注、支持与参与,将所有可利用的有效资源积极利用起来,集中力量提升青少年体质健康水平。

下面基于体育强国视角来探讨提升青少年体质健康水平的有效对策。

## 一、青少年自身要树立正确的体育生活化理念

我国青少年学生在应试教育制度下将时间与精力都用于学习文化知识,很少参与体育锻炼,担心因此而影响文化课成绩,影响升学。但是,青少年是祖国未来的建设者,他们总要走向社会,甚至走向世界,与国际接轨。在激烈的社会竞争中,如果身体素质差,那么就会被残酷的现实社会淘汰。所以,青少年应该把目光放得远一些,树立崇高理想和远大目标,不能就看到眼前的成绩、升学,应将体质的增强和全面发展重视起来,积蓄力量与优势,从而为未来走向社会奠定基础。而且,我国也在不断改革应试教育体制,其主导地位终将会被素质教育取代。

在学生体质健康促进中,政府、社会、学校和家庭都是外在推动力,从外部施加影响,而青少年自己才是改善自身体质健康现状的内部要素和核心关键,只有青少年自己发挥主动性,才能提高自身体质健康水平。

我国政府当前积极推行全民健身计划,并从各方面来提供支持与引导,大众体育生活方式的形成具备了基本的条件。对青少年而言,他们大部分时间都是在学校度过的,而学校的体育设施、运动场地和专业指导都比较好,所以他们所具有的形成体育生活方式的条件更优越。青少年应树立正确的体育生活化的观念,要抓住一切可利用的时间与机会来进行锻炼,不要总以时间不够为借口。青少年不必非要在标准的场地和计划的时间内进行锻炼,可以在合适的时候随时锻炼,并将其贯穿在生活的各个方面,将此作为一个良好的生活习惯和生活方式来对待。

青少年除了参加体育锻炼外,还应该自觉增加日常身体活动量。如往返于学校时,如果距离不远,可以步行或骑自行车;在家里可以做一些家务;积极参加春游、夏令营等活动,从而增强身体素质与社会实践能力。

## 二、政府高度重视，真正落实《关于加强青少年体育增强青少年体质的意见》的精神

《关于加强青少年体育增强青少年体质的意见》指出："加大体育工作和学生体质健康状况在教育督导、评估指标体系中的权重，并作为评价地方和学校工作的重要依据。""对青少年体质健康水平持续下降的地区和学校，实行合格性评估和评优评先一票否决。"[①]过去普遍存在重视文化成绩，轻视体质健康的现象，而且教育主管部门对此也默许，这主要是因为上级是通过考试成绩来考核教育部门政绩的。其实，我们在制度层面是可以解决小升初、初升高的升学问题的，在特定行政区进行这些考试，不涉及大范围竞争，因此比较灵活，可以结合实际情况具体问题具体分析。教育主管部门只要颁布有效的政策，在实践中落实政策，同意划片录取或就近入学等，小学生和初中生的学业负担就会减轻，他们就会有更多的时间去进行体育锻炼。

现在，很多地区都已经开始推行中考加试体育的做法了，虽然面临较高的运行成本，但与学生体质健康相比，这是非常值得投入的。此外，体育考试也要在高中毕业考试中大力推行。

## 三、积极开展"阳光体育运动"，科学构建系统的体育组织网络

青少年的体质健康不仅与其自身的健康成长、生活直接相关，而且对我国人才培养质量、整个国民健康素质、国家未来发展等也有重要影响。因此，"阳光体育运动"必须在全国范围内持久开展，使青少年的体育锻炼时间得到保障。我国一些地区在青少年体质健康推进中，将"阳光体育运动"作为面子工程来进行形式

---

[①] 冯晓玲. 我国青少年身体素质下降的成因分析与对策研究[D]. 北京体育大学，2012.

化的推行,这不利于对青少年持久锻炼的正确引导,也不利于将此发展为青少年持久的生活方式。

青少年在体育锻炼中能学会如何表达感情,发泄情绪,懂得如何与队友、对手交往,如何与教练员、家长沟通,这是体育锻炼的价值所在,也是家长与学校应该关注的体育锻炼对青少年健康的重要意义。因此,对青少年来说,体育运动可为其提供一种良好的外界环境,使其更客观地对待事物,发展更好的人际关系,形成更好的思想品德。针对青少年开展稳定的体育运动,可使社会培养人才的需要得到满足。

目前来看,我国青少年参与体育锻炼的途径还不是很多,可利用的社会体育资源有限,家庭体育的开展条件也不够完善。相对而言,学校的条件、环境更有利于支持青少年的体育锻炼,因此应重视学校体育工作的开展。此外,要大力建设社会体育俱乐部,促进学校、家庭、社区一体化体育组织网络的形成,从而更好地为青少年参加体育锻炼及提高其体质健康水平而服务。

## 四、严格监控体育与健康课程教学,保证教学质量

在应试教育制度的影响下,基础教育阶段的体育与健康课程得不到保障,文化课程的重要性远远高于此,尽管一些教育管理者也意识到了体育与健康课程的重要性,但为了通过上级的考核,取得更好的成绩,不得不把体育与健康课程放在无关紧要的位置。在这种情况下,必须依靠外部的约束来督促体育与健康课程教学的实施,保证教学质量。为此,教育主管部门要加强行政监督,不定期监察学校体育与健康课程的教学情况,对教学情况不佳的学校给予正确的引导,进行相应的改革,促进体育课的顺利运行。

虽然新课程标准确立了较为科学的理念,但实际操作却存在偏差。在新课标指导下,体育教学中严重存在着"游戏化""低负荷化"的不良现象,加上学校管理者害怕学生在体育课上受伤,尽

可能地减少运动范围与降低运动强度,所以体育教学质量得不到保证。传统体育课虽然也是问题重重,但学生依然能从中掌握运动技能,这些技能对其走上工作岗位后坚持体育锻炼带来了积极的影响。但新课程标准下的体育课在这方面的作用不断弱化,因此还需不断进行改革,明确教学任务,争取使学生掌握一两项运动技能,为其今后的体育锻炼打好基础。

学校还应该以学生的身心发展特点为依据对不同模式的体育课教学进行组织,真正做到"人人有体育项目,班班有体育活动,校校有体育特色"。

## 五、加强对基础教育考试制度的改革与完善,减轻青少年的学业负担

为了避免增进青少年体质的长效机制只停留在口号层面,需要采取制度化的途径。如果不能对现行的考试制度进行改革,则改革效果不会达到预期。青少年学业负担重是社会普遍认同的,这就要求适当分化升学考试的选拔条件与标准。由于考试存在激烈竞争,家长和青少年在考试升学中投入了大部分精力,所以不免会忽视体质健康。虽然目前高考制度还很难找到合理的方式来改革,但改革小升初和初升高考试制度的条件已经具备了一些。

(1)12年制的义务教育制度已经在许多地区开始实行,在升学时强化考试的选拔功能已经不是很必要了。

(2)各学校的教学资源应平衡分配,弱化重点校和非重点校的区别,这样青少年就会有更多自主支配的时间,从而保证其参与体育锻炼的时间。

总之,只有减轻青少年学生的学业负担,青少年才会利用课余时间进行体育锻炼,否则其将永远沉浸在题海战术中。

# 第三章 青少年体质健康的学校干预路径研究

　　一个人从幼儿时期到成熟时期一般都处于学校教育环境中,青少年学生学习知识、健康成长都要依托学校这一重要场所。因此,青少年的学习、生活、健康等直接受学校教育观念、教育方式和教育环境的影响,学校在促进青少年学生体质健康与全面发展方面发挥着至关重要的作用,因此从学校方面积极干预青少年体质健康很有必要,且具有重要的现实意义。本章主要就青少年体质健康的学校干预路径展开研究,主要内容包括加强体质监测、推动健康促进实施、开展专题健康教育及优化体育课程教学。

## 第一节 加强体质监测

### 一、身体形态测量

（一）身体形态测量点

　　一般主要参考皮肤标记点、骨性标记点这两个标准来进行身体形态测量点的确定,分别如图 3-1、图 3-2 所示。

第三章 青少年体质健康的学校干预路径研究

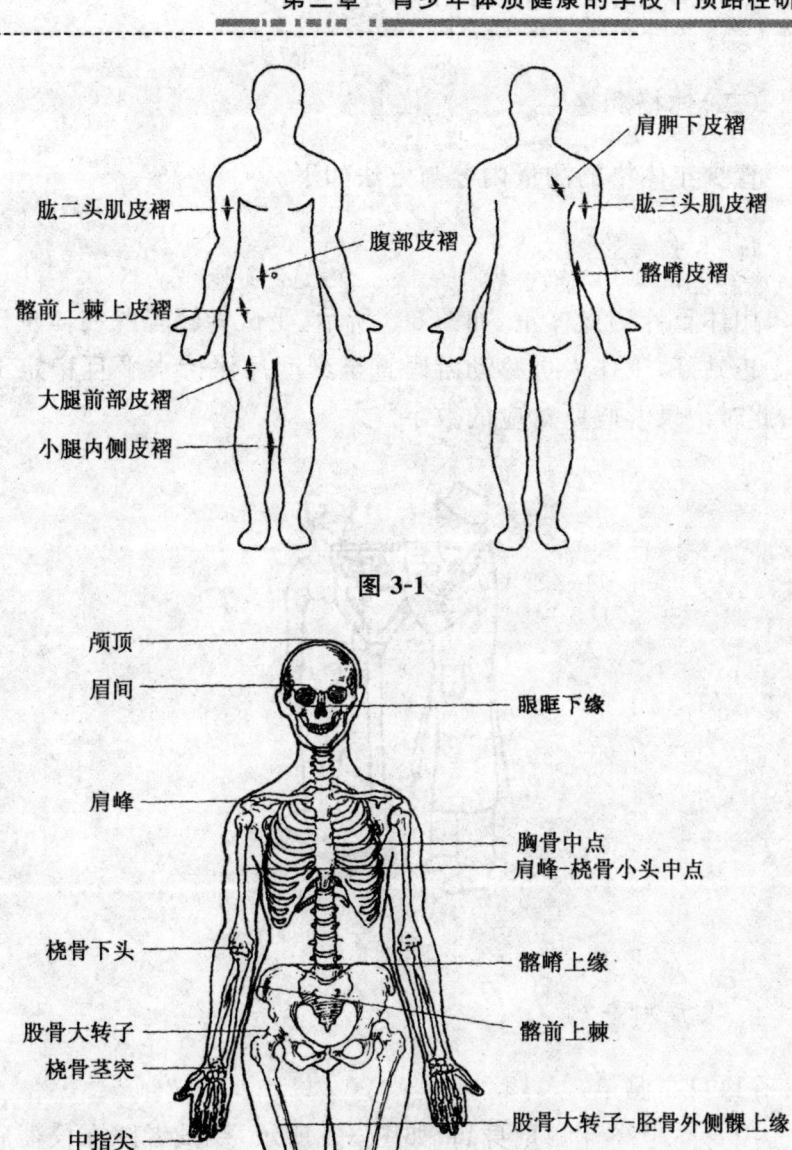

图 3-1

图 3-2

## (二)体格测量

青少年体格的测量内容与方法如下。

### 1. 体重测量

用体重计测量体重,如图 3-3 所示,受试者轻轻踩在体重计中央立正站好,工作人员移动游码直至刻度尺保持水平且稳定不浮动,此时记录游码所对应的数字。

图 3-3

### 2. 长度测量

(1)身高测量

用身高坐高计测量身高,如图 3-4 所示,受试者踩在仪器底板上立正站好,工作人员将水平压板向下移,直至压板轻触受试者的头顶最高点,此时记录对应的数字。

$$体重指数(BMI)=体重(千克)/身高^2(米^2)$$

青少年学生(主要指小学生、初高中学生)的体重指数评分表分别见表 3-1 至表 3-4(参考《国家学生体质健康标准》)。

# 第三章 青少年体质健康的学校干预路径研究

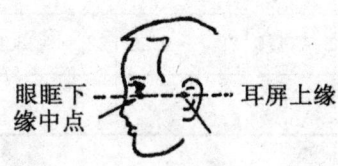

眼眶下缘中点 —— 耳屏上缘

图 3-4

表 3-1 小学男生体重指数(BMI)评分表(单位:千克/米²)

| 等级 | 得分 | 一年级 | 二年级 | 三年级 | 四年级 | 五年级 | 六年级 |
|---|---|---|---|---|---|---|---|
| 正常 | 100 | 13.5～18.1 | 13.7～18.4 | 13.9～19.4 | 14.2～20.1 | 14.4～21.4 | 14.7～21.8 |
| 低体重 | 80 | ≤13.4 | ≤13.6 | ≤13.8 | ≤14.1 | ≤14.3 | ≤14.6 |
| 超重 |  | 18.2～20.3 | 18.5～20.4 | 19.5～22.1 | 20.2～22.6 | 21.5～24.1 | 21.9～24.5 |
| 肥胖 | 60 | ≥20.4 | ≥20.5 | ≥22.2 | ≥22.7 | ≥24.2 | ≥24.6 |

表 3-2 小学女生体重指数(BMI)评分表(单位:千克/米²)

| 等级 | 得分 | 一年级 | 二年级 | 三年级 | 四年级 | 五年级 | 六年级 |
|---|---|---|---|---|---|---|---|
| 正常 | 100 | 13.3～17.3 | 13.5～17.8 | 13.6～18.6 | 13.7～19.4 | 13.8～20.5 | 14.2～20.8 |
| 低体重 | 80 | ≤13.2 | ≤13.4 | ≤13.5 | ≤13.6 | ≤13.7 | ≤14.1 |
| 超重 |  | 17.4～19.2 | 17.9～20.2 | 18.7～21.1 | 19.5～22.0 | 20.6～22.9 | 20.9～23.6 |
| 肥胖 | 60 | ≥19.3 | ≥20.3 | ≥21.2 | ≥22.1 | ≥23.0 | ≥23.7 |

表3-3 中学男生体重指数(BMI)评分表(单位:千克/米²)

| 等级 | 得分 | 初一 | 初二 | 初三 | 高一 | 高二 | 高三 |
|---|---|---|---|---|---|---|---|
| 正常 | 100 | 15.5～22.1 | 15.7～22.5 | 15.8～22.8 | 16.5～23.2 | 16.8～23.7 | 17.3～23.8 |
| 低体重 | 80 | ≤15.4 | ≤15.6 | ≤15.7 | ≤16.4 | ≤16.7 | ≤17.2 |
| 超重 |  | 22.2～24.9 | 22.6～25.2 | 22.9～26.0 | 23.3～26.3 | 23.8～26.5 | 23.9～27.3 |
| 肥胖 | 60 | ≥25.0 | ≥25.3 | ≥26.1 | ≥26.4 | ≥26.6 | ≥27.4 |

表3-4 中学女生体重指数(BMI)评分表(单位:千克/米²)

| 等级 | 得分 | 初一 | 初二 | 初三 | 高一 | 高二 | 高三 |
|---|---|---|---|---|---|---|---|
| 正常 | 100 | 14.8～21.7 | 15.3～22.2 | 16.0～22.6 | 16.5～22.7 | 16.9～23.2 | 17.1～23.3 |
| 低体重 | 80 | ≤14.7 | ≤15.2 | ≤15.9 | ≤16.4 | ≤16.8 | ≤17.0 |
| 超重 |  | 21.8～24.4 | 22.3～24.8 | 22.7～25.1 | 22.8～25.2 | 23.3～25.4 | 23.4～25.7 |
| 肥胖 | 60 | ≥24.5 | ≥24.9 | ≥25.2 | ≥25.3 | ≥25.5 | ≥25.8 |

(2)其他长度测量

在青少年学生长度测量中,除身高外,还有坐高、指距、手足间距、小腿长、足长等测量内容,分别参考图3-5至图3-10。

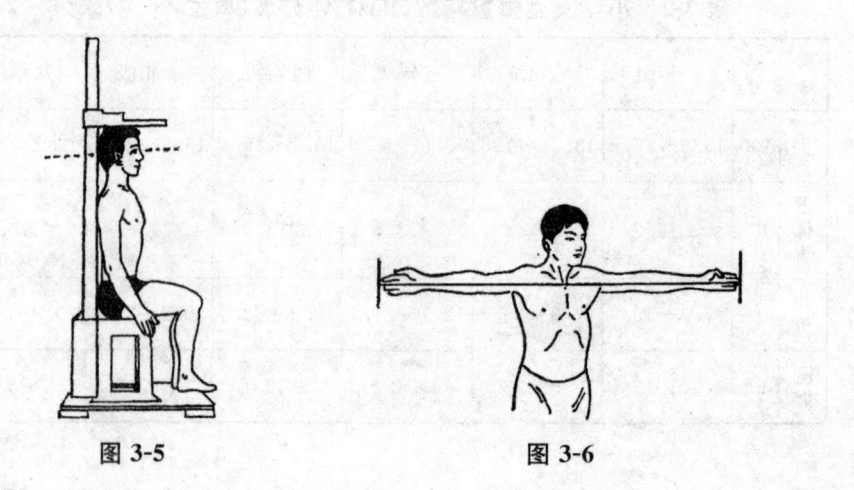

图3-5

图3-6

图 3-7　　　　图 3-8　　　　图 3-9　　　　图 3-10

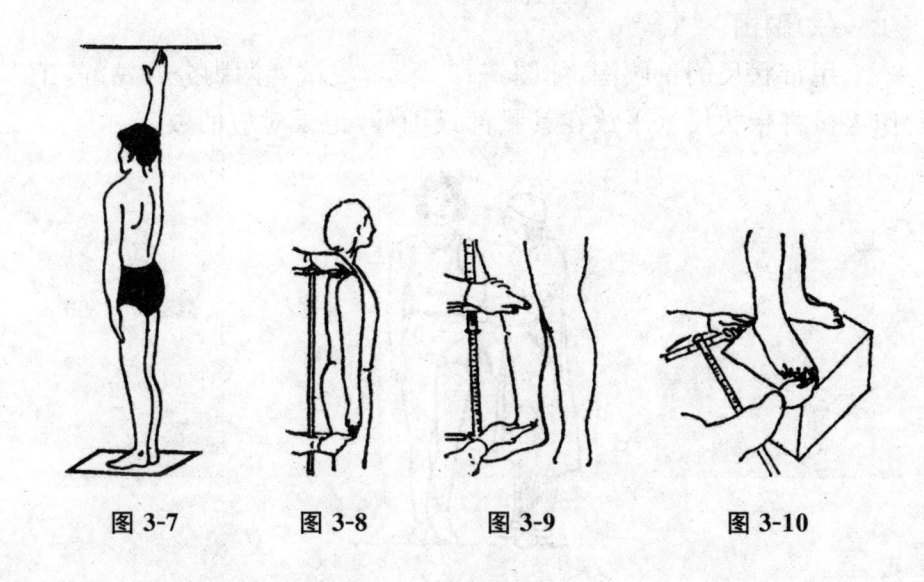

3. 围度测量

（1）胸围

用软带尺测量胸围，如图 3-11 所示，受试者两脚分开自然站好，工作人员将带尺上缘经背部肩胛骨下角下缘绕到胸前（男性、未发育的女性、已发育女性稍有区别），记录软带尺上的数字。

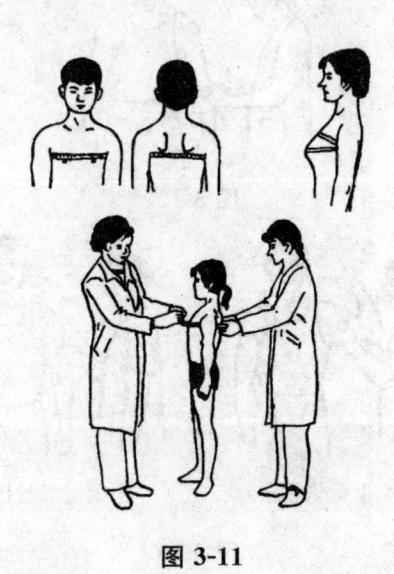

图 3-11

(2)腰围

用带状尺测量腰围,如图 3-12 所示,受试者两脚分开站好,工作人员将带状尺水平放在其腰部最细处,记录对应的数字。

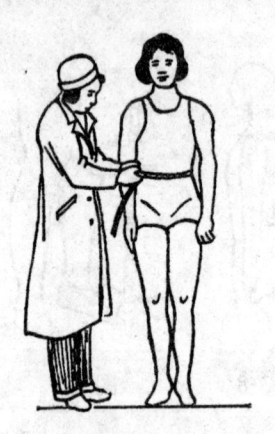

图 3-12

在围度测量中,除胸围、腰围外,前臂围、上臂紧张围和上臂放松围、大腿围及小腿围也是主要测量内容,分别参考图 3-13 至图 3-16。

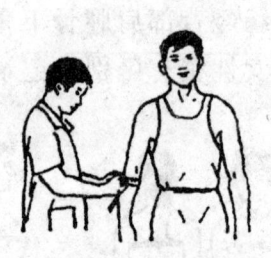

图 3-13

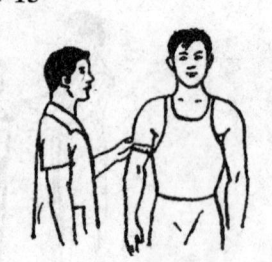

A.上臂紧围　　　　B.上臂放松围

图 3-14

图 3-15　　　　　　　图 3-16

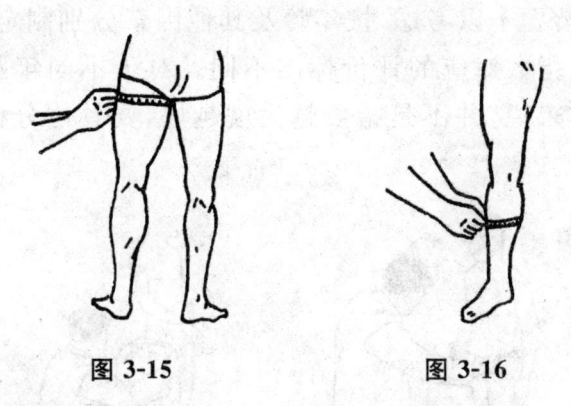

4. 宽度测量

(1) 肩宽

用弯脚规测量肩宽，如图 3-17 所示，受试者两脚分开站好，工作人员用食指沿肩胛冈分别向两侧摸到肩峰外侧缘中点，再用弯脚规测量两肩峰的距离，记录测量结果。

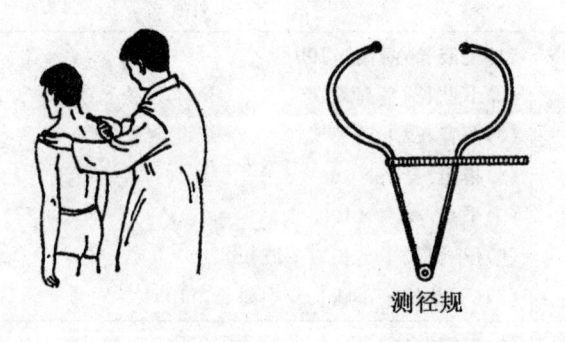

测径规

图 3-17

(2) 骨盆宽

用弯脚规测量骨盆宽，如图 3-18 所示，受试者两脚分开自然站好，工作人员用双手食指摸到其骨盆最宽的两端，用弯脚规测量这个距离，记录测量结果。

对青少年体格的评价有助于了解其身体发育情况，用形态指数评价青少年的体格时，要先将形态指数计算出来，然后划分形态指数的等级，对体格评价标准进行制定，制定过程中对青少年的性别、年龄要予以考虑,按年龄及其他因素分别制定评价标准。不同的形态指数对应的评价标准不同。对于不同年龄与性别的青少年群体来说,并不是指数越大就越好,要具体分析才能做出正确的评价。

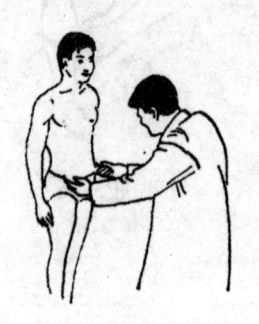

图 3-18

身体形态评价指数见表 3-5。

表 3-5 身体形态评价指数

| 指数类型 | 计算 |
| --- | --- |
| 长度指数 | (1)上肢长/身高×100<br>(2)下肢长/身高×100<br>(3)前臂长/上肢长×100<br>(4)指距/身高×100<br>(5)坐高/身高×100<br>(6)(小腿长+足长)/下肢长×100<br>(7)(下肢长-小腿长)/小腿长×100 |
| 宽度指数 | (1)肩宽/身高×100<br>(2)骨盆宽/肩宽×100<br>(3)骨盆宽/身高×100 |
| 围度指数 | (1)胸围/身高×100<br>(2)上臂放松围/身高×100<br>(3)上臂紧张围/身高×100<br>(4)小腿围/身高×100<br>(5)大腿围/身高×100<br>(6)踝围/跟腱长×100 |

## (三)体型测量

人体体型大致分为肥胖型（内胚层型）、匀称型（中胚层型）、细长型（外胚层型）三种类型，分别如图 3-19、图 3-20、图 3-21 所示。

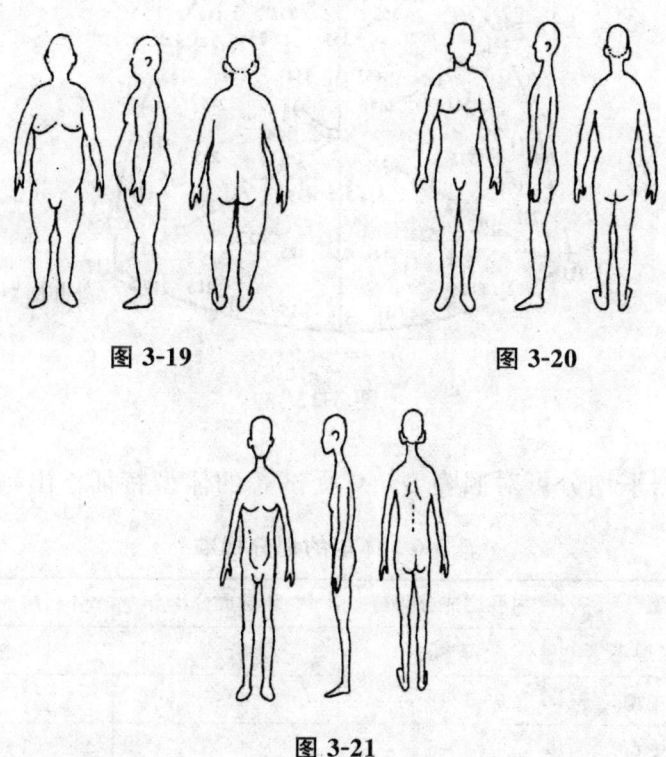

图 3-19　　　　　　　　图 3-20

图 3-21

人体体型的判断与评价方法如下。

### 1. 谢尔顿观察法

谢尔顿测量了人的 17 项身体形态指标，并对比测试结果与测试标准，然后赋值，根本不像、特别不像、不太像、一半像、基本一致、特别一致、百分百一致的分数分别为 1 分、2 分、3 分、4 分、5 分、6 分、7 分。最后把不同指标的同胚层的总分平均开来，此时基本体型平均分就自然而然算出来了。3 位数等于 7、1、1；1、7、1；1、1、7，对应的分别是肥胖型、匀称型、细长型，如图 3-22 所示。

图 3-22

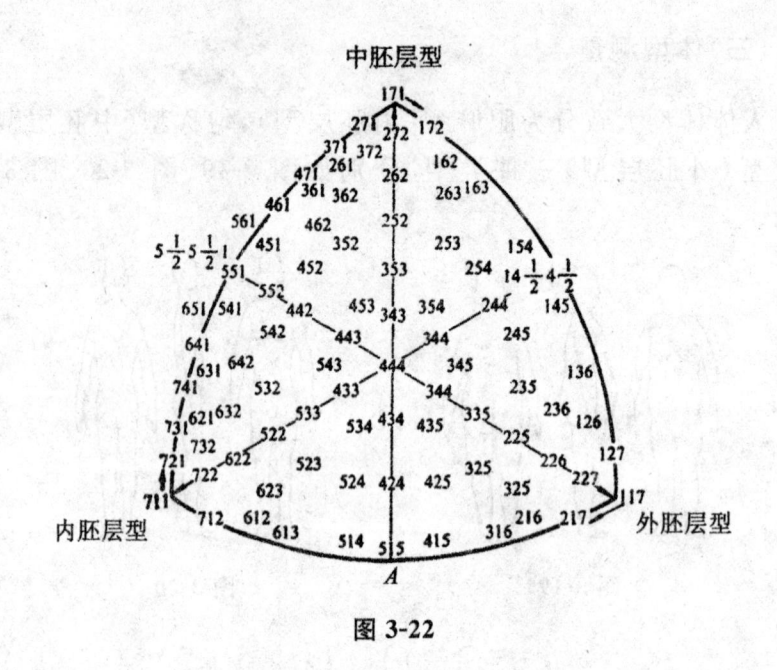

根据平均分可对照表 3-6 对受试者的体型特征作出判断。

表 3-6 体型的划分标准

| 体型 | 内胚层成分得分 | 中胚层成分得分 | 外胚层成分得分 |
| --- | --- | --- | --- |
| 均匀型 | 3～5 | 3～5 | 3～5 |
| 外—中型 | 1～2 | 4～5 | 3～5 |
| 内—中型 | 4～5 | 4～5 | 1～2 |
| 内—外型 | 3～5 | 1～2 | 4～5 |
| 中胚层型 | 1～3 | 5～7 | 1～3 |
| 外胚层型 | 1～3 | 1～3 | 5～7 |
| 内胚层型 | 5～7 | 1～3 | 1～3 |

2. 柯里顿分类法

柯里顿简化了上述测量方法,将体型分为图 3-23 所示的十种类型,并制定了判断不同体型发育的评分标准,如图 3-24 所示。

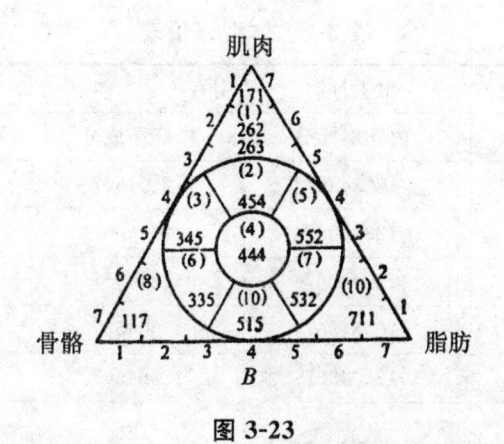

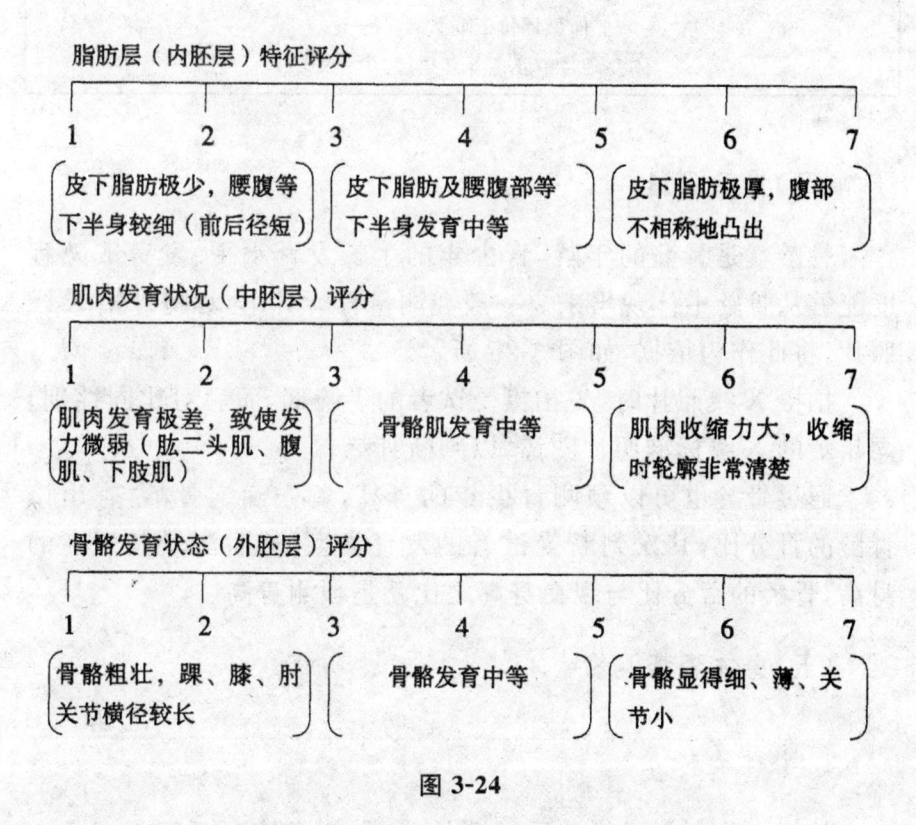

# 第三章 青少年体质健康的学校干预路径研究

```
                    肌肉
                   1  7
                  (1)171
                 2  262  6
                    263
                3  (2)    5
                   (3)454(5)
              4           4
                (6)345 552(7)
             5              3
              (8)335(10)532(10)
            6                   2
             117  515  711
          7                      1
       骨骼 1  2  3  4  5  6  7 脂肪
                    B
```

图 3-23

脂肪层（内胚层）特征评分

```
├────┼────┼────┼────┼────┼────┤
1    2    3    4    5    6    7
```

{皮下脂肪极少，腰腹等下半身较细（前后径短）} {皮下脂肪及腰腹部等下半身发育中等} {皮下脂肪极厚，腹部不相称地凸出}

肌肉发育状况（中胚层）评分

```
├────┼────┼────┼────┼────┼────┤
1    2    3    4    5    6    7
```

{肌肉发育极差，致使发力微弱（肱二头肌、腹肌、下肢肌）} {骨骼肌发育中等} {肌肉收缩力大，收缩时轮廓非常清楚}

骨骼发育状态（外胚层）评分

```
├────┼────┼────┼────┼────┼────┤
1    2    3    4    5    6    7
```

{骨骼粗壮，踝、膝、肘关节横径较长} {骨骼发育中等} {骨骼显得细、薄、关节小}

图 3-24

人体体型评价表见表3-7。

表3-7 体型评价表

| 姓名　　　性别 | 出生日期 | 身高　　体重 | |
|---|---|---|---|
| 身体部位 | 内胚层成分 | 中胚层成分 | 外胚层成分 |
| 一、头、面、颈 | 1②34567 | 12③4567 | 1234⑤67 |
| 二、胸部 | 123④567 | 1234⑤67 | 1234⑤67 |
| 三、肩、臂、手 | 12③4567 | 1234⑤67 | 12345⑥7 |
| 四、腹部 | 1②34567 | 12③4567 | 12345⑥7 |
| 五、腿、脚 | 12③4567 | 1②34567 | 12③4567 |
| 各成分平均值 | 3 | 4 | 5 |

体型评价三联数 3—4—5
体型命名中胚性外胚层型（中—外型）

### （四）骨龄测量

骨龄就是骨骼的年龄，青少年的生长发育水平、发育成熟程度能够从骨龄中体现出来。一般在测量骨龄时，会对腕骨拍X线照片，将此作为依据，如图3-25所示。

拍摄X线照片时，先拍摄受试者的手腕部，而后对比同性别、同年龄的X线标准照片图谱，以判断骨龄。

通过骨龄也可以预测青少年的身高，首先确定骨龄，查出该骨龄的百分比，其次判断受试者的发育类型，然后测量其现在的身高，骨龄的百分比与现在身高之比就是预测身高。

### （五）身体姿势测量

**1. 整体姿势**

整体姿势测量是指从受试者的背面、侧面综合观察与评价人体13个部位。

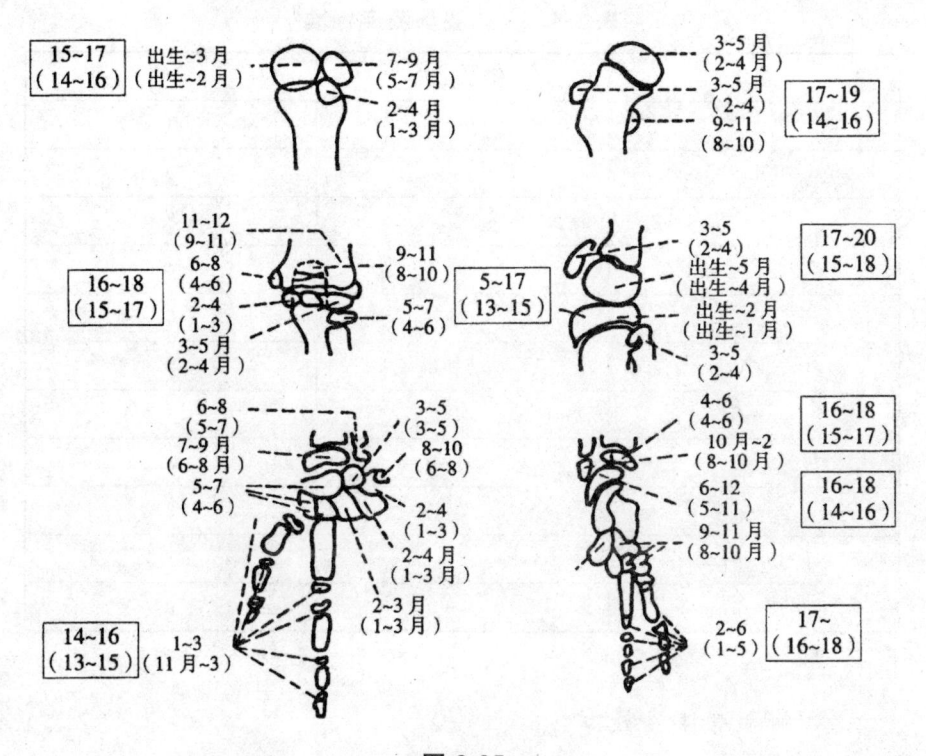

图 3-25

测量时,在与屏幕相距 0.9 米的地方悬挂一系锥形重物的重锤线,通过锥尖投影与地面交点引两条短线,一条与屏幕垂直,一条与屏幕平行,再从此点开始沿垂直线向后 3 米处引一条平行短线。做好场地准备后,受试者穿着泳衣先在锥尖投影与地面交点的位置与屏幕面对面而立,此时重锤线要沿头后部与脊柱相重叠,然后受试者再向左侧转体 90°,侧向而立,工作人员在 3 米交叉点的位置分别对受试者进行正面观察和侧面观察,判断其身体不同部位的左右偏差和前后偏差。

与图 3-26 所示的评分标准相对照,与正确姿势完全符合、稍有不同、明显不同分别记 5 分、3 分、1 分,最后把 13 个部位的分数加起来就是总分。人体姿势测评标准见表 3-8。

表 3-8 人体姿势测评标准

| 总分 | 百分位数 | 成绩 |
| --- | --- | --- |
| — | 99 | 10 |
| 65 | 98 | 9 |
| 63 | 93 | 8 |
| 61 | 84 | 4 |
| 59 | 69 | 6 |
| 57 | 50 | 5 |
| 53～55 | 31 | 4 |
| 49～51 | 16 | 3 |
| 43～47 | 7 | 2 |
| 39～41 | 2 | 1 |
| 13～37 | 1 | 0 |

2. 局部身体姿势

(1)脊柱

用脊弯测量计测量青少年脊柱前后弯曲情况的方法如下。

如图 3-27 所示,受试者轻踩测量计底板,两脚分开自然站好,工作人员在其侧面看其耳屏、肩峰、大转子的相互位置并进行记录,然后把测量仪器的小棍往前推动,直至碰到受试者脊柱,判断受试者的背部姿势是否良好,需以棍棒在腰曲的最大距离、上述三点的相互位置为主要依据。

正常背的特征:腰曲 2～3 厘米,三点位于同一垂线。

驼背的特征:腰曲小于 2～3 厘米,耳屏点在其他两点前,头部有明显的前探。

鞍背的特征:腰曲大于 5 厘米,大转子点在其他两点之后,臀部、背部向后突出。

直背的特征:腰曲、胸曲不明显,背部太过平直。

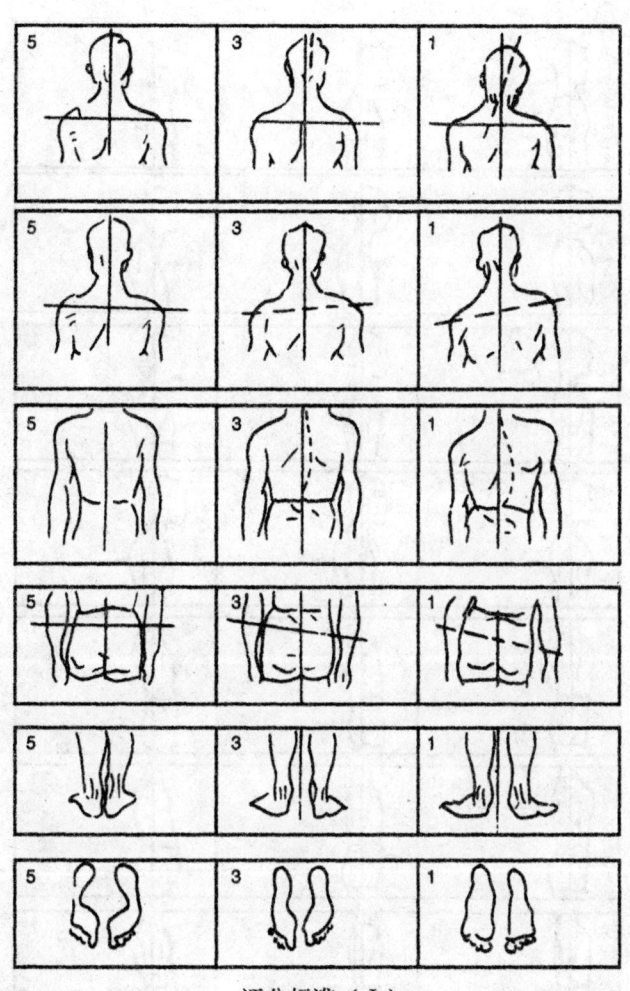

# 第三章 青少年体质健康的学校干预路径研究

评分标准（Ⅰ）

评分标准（Ⅱ）

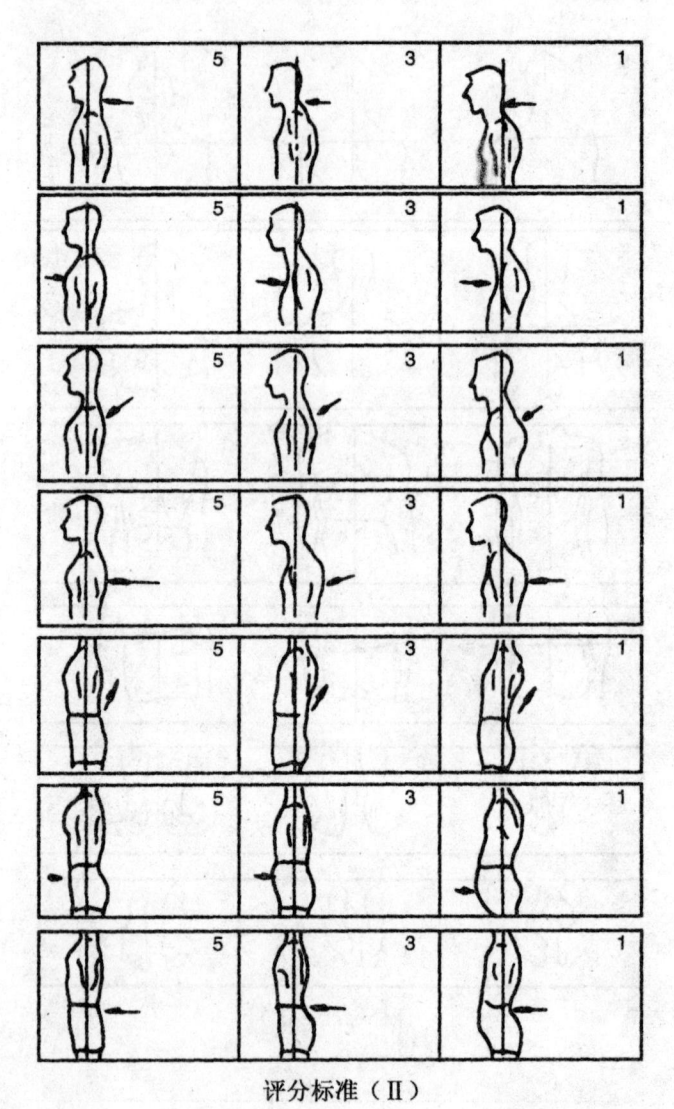

图 3-26

正常背　　驼背　　鞍背　　直背

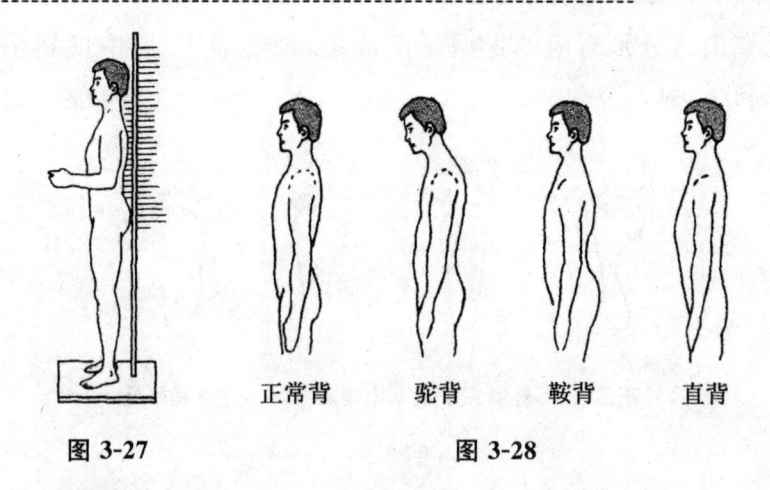

图 3-27　　　　　　　图 3-28

(2)腿部

受试者立正站好,工作人员在其正面测量其两腿内侧之间、两膝之间以及两足跟之间的距离,并做好记录。

常见三种腿型如图 3-29 所示,特征如下。

直型腿的特征:上述所提到的间距均小于 1.5 厘米。

X 型腿的特征:两腿内侧之间、足跟之间的距离大于 1.5 厘米。

O 型腿的特征:两膝之间的距离大于 1.5 厘米。

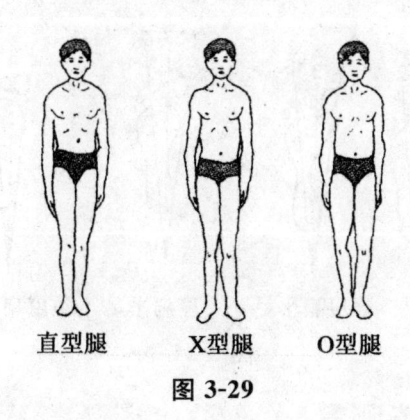

直型腿　　X型腿　　O型腿

图 3-29

(3)足弓

测量受试者是正常足还是扁平足时,需要受试者光着脚踩滑石粉或清水,然后踩在黑板或水泥地面上,将足迹留在上面,工作人员在足迹上沿第一跖骨内侧与足跟内侧画切线,计算切线内的空白区与足印区最窄处宽度比例,比例为 2∶1、1∶1、1∶2 及足印无空白区分别对应的足型是正常足、轻度扁平足、中度扁平足、重度扁平足(图 3-30)。

正常足　轻度扁平足　中度扁平足　重度扁平足

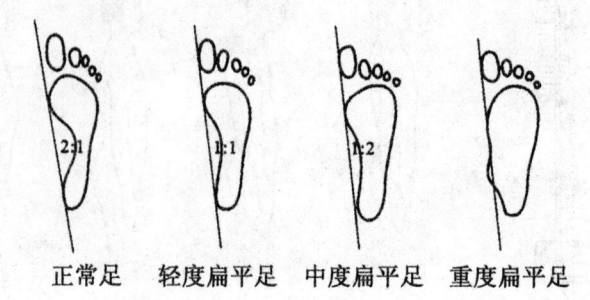

图 3-30

一般也可以用划线法来简单地判断受试者的足型,如图 3-31 所示。

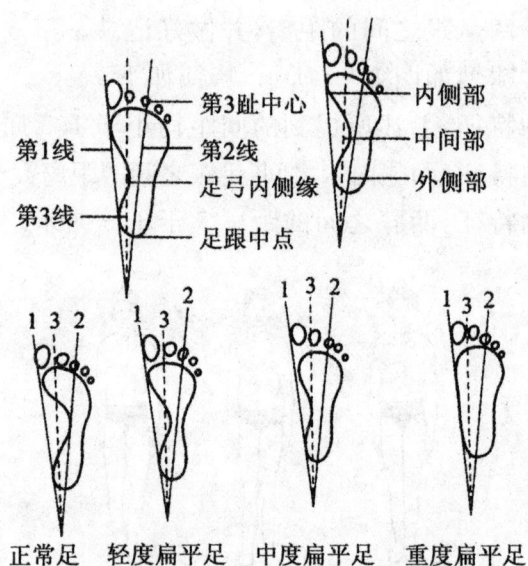

正常足　轻度扁平足　中度扁平足　重度扁平足

图 3-31

## 二、身体机能测量

### (一)呼吸机能测量

用肺活量计测量肺活量,受试者先对着仪器做 1～2 次深呼吸,然后用力吸气、尽力呼气,直到不能再继续往出呼为止,此时记录仪器上对应的数字,测量3次,取最大数值。测量数值与呼吸机能水平成正比。

(二)运动机能测量

以动觉性运动障碍测验为例。

如图3-32所示,受试者把眼睛蒙起来,从起点开始出发躲避椅子前进,顺利通过一个椅子得10分,碰到椅子减10分,踩边线减5分,受试者碰到椅子或踩边线后,由工作人员将其引到对应的中心线,受试者后退一步重新开始。

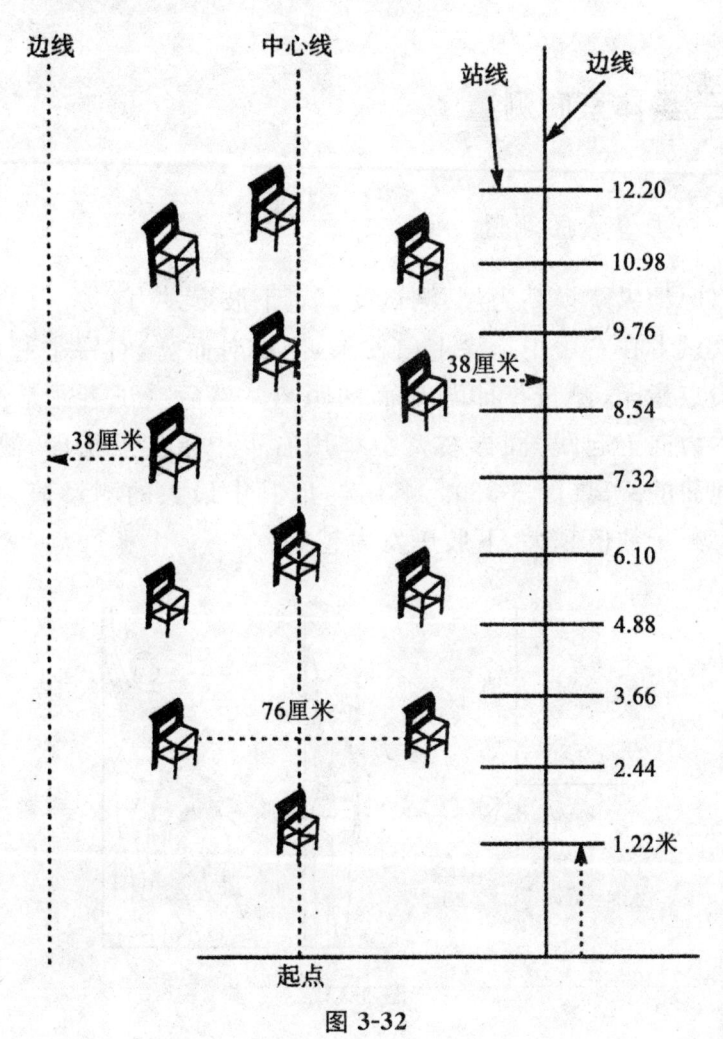

图 3-32

这项测试的评价标准见表 3-9。

表 3-9 动觉性障碍测验评价标准

| 评分等级 | 男生 | 女生 |
| --- | --- | --- |
| 优 | 90～100 | ＞80 |
| 良 | 70～89 | 70～79 |
| 中 | 50～69 | 60～69 |
| 下 | 41～49 | 41～59 |
| 差 | ＜40 | ＜40 |

## 三、身体素质测量

（一）力量素质测量

以原地纵跳摸高为例，测试受试者下肢爆发力。

受试者在右手中指涂上白粉末，侧墙对而立，右臂举起，右手中指尖点指印，测量指印与地面的距离。然后受试者距墙 20 厘米远尽力向上起跳，同样右臂上举用右手中指尖点指印，测量指印与地面的距离（图 3-33），测 3 次，取其中最大的测量值为最后成绩。测量数值越大，下肢爆发力越好。

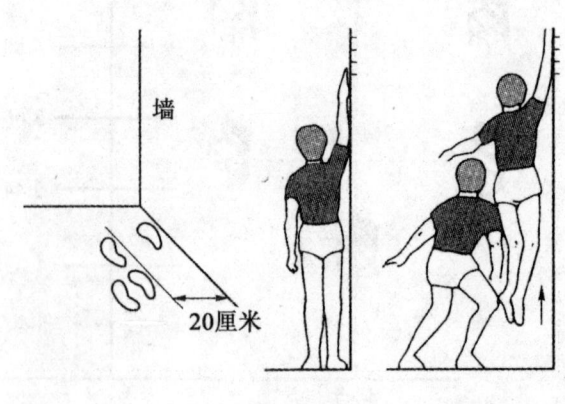

图 3-33

## (二)协调性测量

采用投准测试方法对受试者的视觉与上肢完成动作的协调能力进行测量。

受试者手持垒球在投掷线后将球经肩上投向靶心,连续投10次,工作人员对球中靶心的命中率进行计算,计算公式为命中率=中靶次数/10×100%。计算的结果与上肢协调能力成正比。

需要注意的是,投掷线与投掷靶的距离要视受试者的年龄而定,如10岁则为10米,11岁则为11米……13岁及以上统一都是13米。

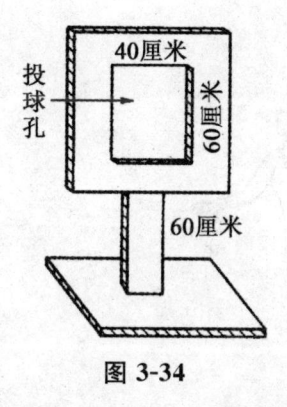

图 3-34

除投准测量外,用曲线运篮球、8字跑等方法也可以测量受试者的协调性,分别如图3-35和图3-36所示。

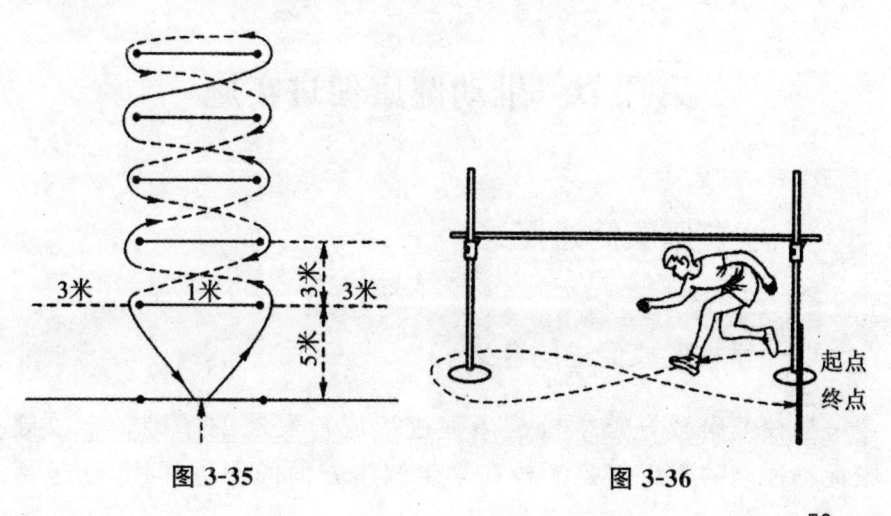

图 3-35

图 3-36

### (三)平衡性测量

通过横向踩木的方法对受试者单脚维持身体静态平衡的能力进行测量。

方木条的规格一般为 2.5 厘米×2.5 厘米×30 厘米,用胶带固定木条。如图 3-37 所示,受试者一脚前脚掌垂直踩在木条上,另一脚向后抬,此时计时开始,若受试者身体失去平衡,则停止计时。记录这段时间,单位为秒,测 2 次,取较长的一次时间作为最后成绩。时间长短与平衡能力成正比。

此外也可以采用纵向踩木的测试方法,如图 3-38 所示,具体方法参考横向踩木测试。

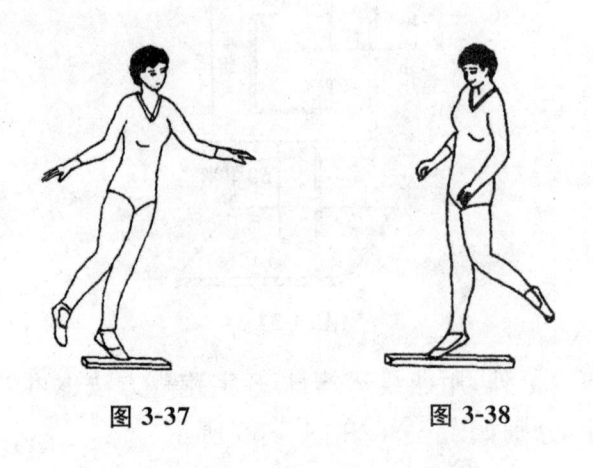

图 3-37    图 3-38

## 第二节　推动健康促进实施

### 一、学校健康促进概述

(一)学校健康促进的含义

学校健康教育是学校健康促进形成与发展的基础。学校健康促进强调的不仅仅是学校在学生健康方面的促进作用,还包括家长、社区等的促进作用,但学校发挥的是主要作用,包括对健康教育课程的设置、对健康学习环境的创设、对健康服务的提供,从而使学生获得完整的健康知识结构和积极的健康经验。学校要把健康促进工作做到位,吸引家庭和社区积极参与,从而为学生健康提供全方位的保障。

学校健康促进组织与融合了所有的有利因素来促进青少年的健康,各要素之间形成了密切的联系。有关方面以连续性的方式密切合作,共同为提高青少年体质健康水平而努力。学校健康促进的实施中,目标人群有一级、次级之分,学生群体是一级目标;教师、校领导、学生家长、社区相关人员等是次级目标。此外,我们不能忽视大众传媒对青少年行为产生的重大影响,在学校健康促进中,这是一个特殊领域的重要干预目标。

(二)学校健康促进的优越性

学校健康促进的优越性或特征体现在以下几方面。

(1)健康模式完整,身心、环境、社会等多因素之间形成了非常密切的联系。

(2)开展正式的健康课程,激励学生主动参加,使学生掌握的健康知识与技巧能够终身受益。

(3)通过校园文化精神建设促进学生积极学习、追求健康,使学生之间建立深厚的友谊,使学生个体保持良好的情绪。

(4)运动场地、体育建筑、设施等物质环境参与其中,为青少年健康提供物质基础。

(5)鼓励家庭、家长的参与,促进青少年健康知识的储备和技巧的发展。

(6)学校健康教育与社区卫生服务密切联系,使学生的健康需求得到满足。

(7)学校教育、社会教育深度结合,学校、家庭、社区密切合作,理论与实践并重,为青少年的健康发展提供更好的支持环境。

(8)强调女生公平享有社区内的健康教育与健康保护。

### (三)学校健康促进的主要任务

#### 1. 提高青少年的生长发育水平

近视、鼻炎、龋齿、脊柱弯曲、神经衰弱、贫血、运动损伤等健康问题在青少年群体中比较常见。这些问题严重困扰了学生的学习和生活,为预防和解决这些问题,有必要加强健康教育,推动健康促进的实施,定期组织体检,使学生知道如何预防和矫治,这样可以大大抑制患病率上升。挑食、读写习惯不好等容易引起学生常见病,对于这些不良习惯要及时改正,从而预防近视、贫血等健康问题的出现。

学校还要提高膳食服务水平,提高体育教育质量,创建良好的校园环境,消除危害学生健康的不良因素,从而降低青少年常见病的患病率。此外,家长也要格外注意孩子挑食等不好的习惯,及时引导并纠正,创建良好的家庭教育环境,与孩子共同抵抗疾病的侵袭,帮助孩子健康成长。

#### 2. 提高青少年卫生科学知识水平和自我保健能力

(1)通过课堂健康教育与课外各种健康活动,使青少年的卫生科学知识储备量不断增加、更加系统,这样其对自我保健的意义才会有更深刻的理解。

(2)让学生对自己的身体特点、健康现状有准确的认识,树立积极的健康价值观。

(3)激发学生学习健康、卫生、保健知识的兴趣,抵制并改正不良生活习惯。

(4)引导学生对自我保健方法的掌握,提高其自我保健能力,让学生能自主做到健康饮食、科学锻炼、防范意外。

#### 3. 预防心理障碍,促进青少年心理健康

青少年的心理健康水平受生理发育水平的影响,而且对于不

同年龄的青少年,这种影响也不同。目前来看,抗挫能力差、意志不坚强、竞争意识差等是我国青少年学生普遍存在的心理问题。针对这些问题进行教育与训练时,必须要有针对性,要从不同年龄青少年的身心发育特点出发来对其健康的心理状态、环境适应能力等进行培养,将心理卫生知识系统地传授给青少年学生,面向全体学生提供心理咨询、心理辅导等服务,从而帮助学生预防心理障碍,解决心理问题,提高其心理健康水平,促进儿童青少年心理素质的提高。

4. 提高青少年保护环境的意识

在人类的生存与发展中,环境保护是贯穿人一生的大事,我国可持续发展战略的实施从根本上就是要解决环境问题。因此在健康教育中,要端正青少年对待环境问题的态度,培养其保护环境、节约资源的意识与责任感,引导其自觉维护环境、采取保护行动。

5. 发挥青少年的健康潜能,提高其学习效率

在学校教学大纲设计中,应将学校健康教育纳入其中,但很多学校对此不够重视,主要就是怕健康教育会影响文化知识教学的时间,分散学生集中学习文化知识的精力,无法保证正常的文化课课时等。实际上,学生只有先具备健康的身心,才能正常学习,学生只有心理状况良好、器官功能正常、作息合理,才能使自身的健康潜能得到进一步发挥,才能更有效率地学习,而健康教育、健康促进实施是使学生产生这些积极变化的前提。健康促进的实施效果如何,能够从学生学业上的成就体现出来。

(四)学校健康促进的重要意义

1. 学校健康促进是素质教育的重要组成部分

学生素质健康体现在学生各方面素质的全面发展上。素质

教育是全面的教育,主要体现在以下几方面。

(1)德育

使学生树立正确的卫生荣辱观,养成良好的个人卫生习惯,并遵守卫生法规和道德规范,对公共领域的卫生能做到自觉维护、不破坏。

(2)智育

提高学生的自我认识与认知能力,使其知道如何将科学的知识运用到自身的健康保护中。

(3)体育

在促进青少年体质健康方面,体育和劳动是非常积极有效的重要因素,要科学组织教育。

(4)美育

对学生的审美意识与能力进行培养,包括欣赏美、创造美等,但不能因为追求美而付出健康的代价,如为了减肥而饿肚子,为了潇洒而抽烟等。

(5)社会适应能力教育

向学生传授人际交往的技巧,教育学生要友善对待他人,互帮互助,促进其修养的提升与社会适应能力的增强。

### 2. 学校健康促进是影响社会大众的治本措施

青少年学生与学校、家庭及社会的关系是无法割裂的。青少年学生将卫生知识、行为技能掌握并树立正确的健康观后,不仅自己可以健康成长,而且也会对周边的人和环境产生积极的影响,甚至移风易俗也是有可能发生的。

我国如果要达到真正意义上的全民健康,就要不断推动全民健身的发展,而且更为关键的是从每个人的幼儿阶段就开始对其进行健康教育,从而使社会卫生面貌、精神文明面貌从根本上得到优化,促进科学、文明、健康的良好风尚的形成,因此实施学校健康促进并提高健康教育质量非常必要。

## 3. 学校健康促进是实现全民基础保健的重要途径

在校学习几乎是人人必经的阶段,学校组织与实施健康教育更有优势,在学生时期养成良好的卫生习惯,形成健康的生活方式,将影响人一生的健康与行为。因此,为了促进和实现全民基础保健、提高所有国民的健康素质,有必要采取学校健康促进的方法,让每个人都能接受学校健康教育。

## 二、学校健康促进的实施内容

学校健康促进的实施内容具有综合性、全面性,对学生的生活有全方位的影响,在青少年学生的学习和生活中都有不同程度的渗透(图 3-39)。

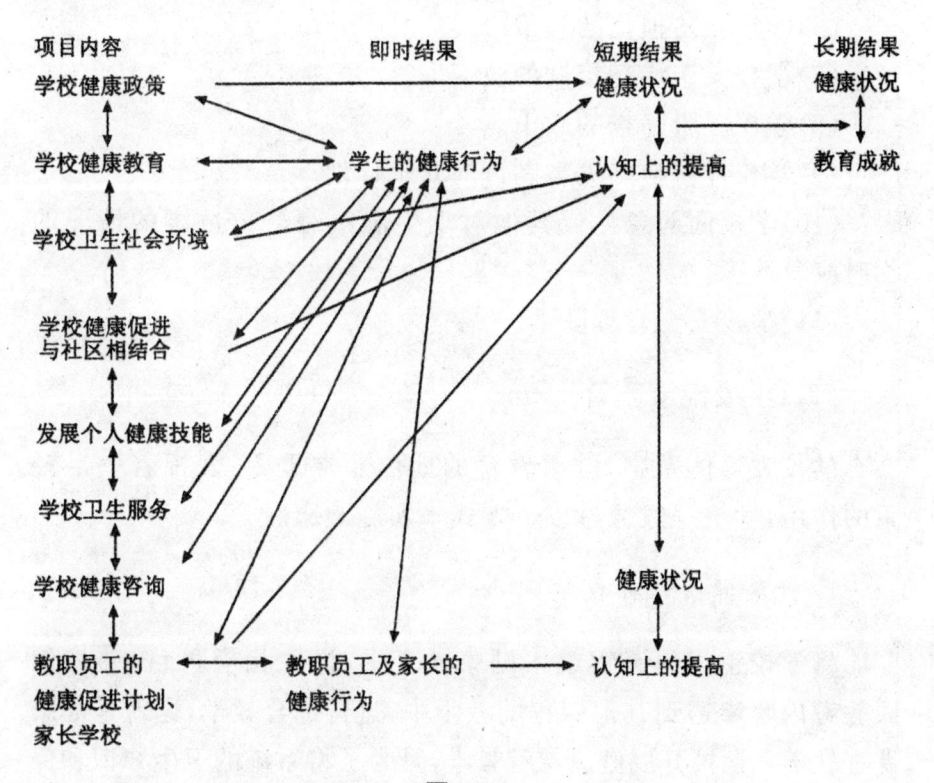

图 3-39

下面具体分析学校健康促进实施的几项主要内容。

(一)学校健康政策

政策支持是实现健康促进发展目标的重要基础。学校健康促进的实施与发展需要健全的学校政策体系提供保障。学校决策者的思想观念集中体现在相应的学校政策中,健康促进的实施行动直接受政策的影响。

具体来说,学校健康政策包含下列内容。
(1)学校食品安全政策。
(2)学校保证男女生平等享有学校资源的政策。
(3)学校禁止吸烟、喝酒及禁止非法行为的政策。
(4)学校急救应对政策。
(5)学校药品分配政策。
(6)学校预防损伤的政策。
(7)学校关于疾病控制的政策。
(8)学校健康筛查的政策。
(9)学校针对自然灾害制订的安全计划。
(10)学校面对急症或其他对学生健康有严重危害的情况的临时应急政策。
(11)学校安全管理政策。

(二)学校健康教育

学校教育体系中,健康教育的地位非常重要,发挥着举足轻重的作用,学校一般通过以下方式来实施健康教育。

1. 开展健康课程教学

将学校正式的课程纳入健康教育中,设置相应科目,并将健康教育内容渗透到其他课程的教学中,进行综合教学,这就是健康课程教学。学校开展健康课程教学,是为了将系统的卫生知识和保健技能传授给学生,对学生正确的健康观、行为习惯进行培养。

为了达到上述目的,健康教育课程应贯穿于整个学校教育阶段。需要注意的是,在教学中教师必须认真筛选教学内容,实施多元的教学方法,严格贯彻教学原则,对青少年学生的身心发展现状及特征规律予以充分的考虑,在此基础上设计教学程序,争取营造良好的课堂氛围,吸引学生的注意力,激发学生的兴趣与积极性。此外,教师本身也要不断提高自己的专业素养与业务能力,其对健康课程教学的效果具有重大的决定性影响。

2. 提供健康咨询与健康行为指导

(1)含义

在健康教育实施中,学校给学生或学生家长提供与教师、医生等相关咨询人员直接接触的机会,使其就学生的健康问题进行集中讨论,最后引导学生作出正确的决定,这个方针就是健康咨询。

健康咨询中,心理咨询的方式最为普遍,其内容见表3-10。

表3-10 心理咨询的内容

| 心理咨询内容 | 具体因素 |
| --- | --- |
| 学习心理咨询 | 智力因素<br>非智力因素<br>创造力咨询等 |
| 心理健康咨询 | 心理问题咨询<br>心理障碍原因咨询<br>心理健康指导等 |
| 社会心理咨询 | 人际关系咨询<br>学习压力咨询等 |
| 职业选择咨询 | 职业兴趣咨询<br>职业能力咨询<br>职业气质咨询<br>职业前景咨询等 |

学校给学生提供的心理咨询服务非常重要,这主要从以下几方面体现出来。

第一,使学生全面清晰地认识自己的心理问题,引导学生努力克服心理障碍,纠正学生的不良行为,促进学生学习方法的不断改进。

第二,使教师的执教能力进一步提高,使教学工作的开展更加顺利、有效果。

第三,使学校领导有效解决教育管理问题。

健康行为指导是采取有效的教育措施,使青少年对健康行为和不健康行为有明确的判断与认识,并针对常见的不健康行为设计改正的方法,使学生养成健康的行为习惯。

(2)开展形式

集体咨询与指导:针对学校、年级、班级或小组学生中存在的普遍性问题提出可操作的建议,如在运动会前,将安全事项、防护知识等向学生集中宣传与说明,引导学生关注健康。

个别咨询和指导:将保健信息提供给个别学生或家长,对学生健康的行为习惯进行积极的引导,纠正个别学生的不良行为与不健康习惯。

### 3. 组织健康活动

学校组织健康活动,主要是为了丰富学生的健康体验,提高学生对健康重要性的认识,改善学生的学习效果,并对学生的组织能力及自我教育意识进行培养。学校的健康课堂教学要与课外的健康活动有机结合,使学生将课堂上所学的知识真正用到实际行动中,学以致用。

健康活动可谓丰富多彩,不同年龄、性别可以结合自己的兴趣与需要进行选择。

## (三)学校社会环境

创建健康的学校社会环境能有效推动学生参加各种各样的

健康活动,促进学生健康意识和健康行为的优化。作为影响学生健康意识与行为的外部环境,学校社会环境主要包括以下内容。

1. 物质环境

学校自然环境、学校基础设施环境是学校物质环境的重要组成部分,具体包括校址选择、运动场地设施、校舍建筑、教室采光、食堂等内容。

2. 事物环境

学校中的各种活动、学校相关人员的健康情况等是学校事物环境的主要组成部分,具体包括正式课程、课外活动、作息制度、考试安排等内容。

3. 人际环境

人际环境主要指学校内师生之间、员工之间及员工与学生之间的相互关系。[①] 学校教学工作者、社区领导、家长都应该通过自己良好的社会行为、积极的态度和正确的价值观给学生树立榜样。

学校应创设符合下列要求的人际环境。

(1)创设学生之间相互信任、帮助的友好环境。
(2)形成优良的校风,正面影响学生的健康卫生意识。
(3)学校支持与帮助有困难的学生。
(4)学校关注家长对学生健康产生的影响,协助家长促进学生健康成长。
(5)学校尊重与重视学生的个体差异。

(四)学校健康促进与社区相结合

学校与家庭相联系,学校与社区组织团体相联系等也是学校健康促进实施中一个重要的组成部分。

(1)家庭和社区适当参与学校的一些工作与活动,如制定食

---

① 黄敬亭.健康教育学[M].上海:复旦大学出版社,2006.

品政策、参与健康活动等。

(2)学校与社区建立良好的互动关系,鼓励学生参加社区组织的活动,并提供相应的支持。学校的健康计划、倡议等可以适时向社区相关单位报到,争取社区的合作与支持。

### (五)发展个人健康技能

发展个人健康技能是健康教育的主要目的,学校开设健康教育课程,传授卫生知识与健康技能,培养学生积极的生活态度、健康意识及自我保健能力。

发展个人健康技能主要采取以下策略。

(1)丰富学生的理论知识,培养其行动能力,使其能够灵活处理人际关系,勇敢面对压力与挫折。

(2)学生的健康问题要体现在课程设计中。

(3)帮助家长、社区人员等相关人员掌握学校健康促进的多样化技能。

(4)集中对教师进行专门培训,发挥其作用。

### (六)学校卫生服务

学校卫生服务是指学校直接向学生提供卫生服务,或有关单位与学校合作,共同开展针对学生及学校其他员工的卫生保健工作。这项内容包括以下两点。

(1)学生得到基本的卫生服务。

(2)地方卫生服务部门帮助学校健康教育工作的开展,提供相关的支持。

## 三、学校健康促进的实施步骤

### (一)更新观念

学校实施健康促进工作,这是先进的公共卫生观念在学校领域不断渗透的结果,该观念与学校教育方针及培养学生综合素质的目标是一致的。目前,一些学校积极转变与更新观念,争创健康促进学校,但受应试教育影响而对学生全面健康与综合素质培养不重视的学校也比较多。对此,必须进一步传播正确的健康观,提高校领导对学生健康重要性的认识,在学校教育计划中纳入争创"健康促进学校"的规划,积极发挥学校在培养学生健康体质及综合素质方面的巨大优势与潜力。

此外,学校在健康促进工作的实施中,不能大包大揽,要积极取得家长与社区的支持与帮助,将有关人员的创造力及积极作用充分利用起来,这样才能更顺利地开展健康促进工作,真正成为健康促进学校。

当前,素质教育必将随着健康促进教育的深入化、教育内容的多样化、管理手段的科学化以及社会影响的扩大化而获得更进一步的发展,使学生在素质教育理念下树立正确的健康观,保持健康的身心素质,具备灵活的思维观念和良好的实践动手能力,为终身学习打好基础。

(二)建立领导和工作机构

学校健康促进实施中,必须组建健康促进领导小组,这一组织包括校教务处、校总务处、校德育处、校少先队、校共青团、校学生会、校医室、街道办事处领导、家长代表等相关部门与人员,主要负责人是校长。各部门及相关人员分工、职责明晰。

领导小组通过召开会议对学校健康促进工作的实施效果进行检查与评价,并共同商讨、解决工作中出现的问题,从而尽快实现健康促进计划的目标。

(三)制定工作规划

(1)各校根据有关单位的规定及具体要求制定切实可行的健康促进规划。

(2)制定措施以保证顺利实施学校健康促进工作,顺利实现各项预期目标。

(3)制定激励政策以调动相关单位及人员的参与积极性。

(4)制定学校健康促进政策,如领导小组、师生经过严密的讨论,结合本校实际而对学校健康促进宪章进行制定,全体人员共同遵守宪章规定,并监督相关政策的落实。

(5)广泛宣传与动员,宣传方式可根据实际条件而选择,动员对象具体包括全体教职工、学生会、社团组织、学生、社区代表、家长代表等。

(6)有目的、有组织、有计划地开展工作与相关活动,监测整个实施过程,及时进行评价与反馈,以改进工作,提高工作效率和工作质量。

## 第三节 开展专题健康教育

专题健康教育是一种特殊的学校健康教育形式,具体是指学校为预防疾病,降低发病率,减少或消除致病危险因素特别是行为危险因素而进行的健康教育,也包括针对青少年普遍存在的身心健康问题而进行的健康教育。

学校开设的专题健康教育包含很多内容,下面简要分析几项重要的教育内容。

### 一、青春期生殖健康教育

儿童向成人的过渡必然会经过青春期这个特殊的阶段。青少年处于青春期阶段,身体、生理、心理等方面与儿童时期相比都有了很大的变化,这个时期青少年的发展对其将来体格、心理、智力等方面的发展有重大的决定性影响。所以要特别重视对处于青春期阶段的青少年的教育,且应进行综合、系统的教育,对青少年的身心、智慧、审美及伦理等进行科学的培育,施加积极的影响。

从健康教育这一视角来看,性教育、生殖健康教育是青春期教育的一个重点。当前,世界普遍存在青春发育提前的现象,这已然成了一个不可阻挡的趋势。中国资料表明,初一女生中有很多都已有月经,初二男生中也有很多已有遗精体验,时间与之前相比明显提前至少一年,所以有必要向学生普及性常识。但因为我国的教育观念保守落后,教师总希望学生在这方面能够"无师自通",这对性教育的开展造成了严重的制约,再加上现代传媒环境的污染和社会不良环境的影响,导致一些青少年受到了严重的危害。改变这一现状,加强对青少年群体的生殖健康教育是社会发展与国家发展所需。我国社会主义精神文明建设要求青少年对生殖系统的解剖、生理和发育期的各种现象和心理变化、正确健康道德的性行为、自我控制的方法等有基本的了解,因此必须加强性健康教育。

学校对青少年的性健康教育主要涉及生理、心理、道德、伦理等方面,而且要贯彻适时原则、适度原则及适量原则。

## 二、生活技能教育

这里所说的"生活技能"指的是一个人的心理—社会能力,具体指一个人有效处理日常生活中各种需要和挑战的能力;保持良好心理状态,在与他人、社会和环境的相互关系中表现出良好适应和积极行为的能力。心理—社会能力包括自我认识能力、人际关系能力、有效交流能力、缓解压力能力、调节情绪能力、批判性思维能力、创造性思维能力、解决问题能力、决策能力等。[1] 培养青少年的健康心理素质要求其具备这些能力。

当前,有很多对青少年健康有严重危害的危险行为因素,而且这些行为发生率的上升趋势很明显,如吸烟、喝酒、吸大麻等,非法毒品、性行为、自杀行为等。这些行为表面看起来性质不同,

---

[1] 吕姿之. 健康教育与健康促进(第二版)[M]. 北京:北京大学医学出版社,2002.

实际上都受心理—社会因素这一共同因素的影响。学生有自杀的想法或做出这样的行为,其中一个重要的原因是他们的心理不够健康,人格不够健全,抗挫折能力差,遇到学习落后、情感体验不顺利等问题时倍感压力,从而走向轻生的危险道路。而缺乏健康教育又是导致其心理不健康、人格不健全等的直接影响因素。

生活技能教育与训练可促进青少年心理—社会能力的有效提高,使学生树立正确的价值观、人生观,培养学生的健康意识与健康行为习惯(图 3-40),从而有效促进其健康成长与全面发展。

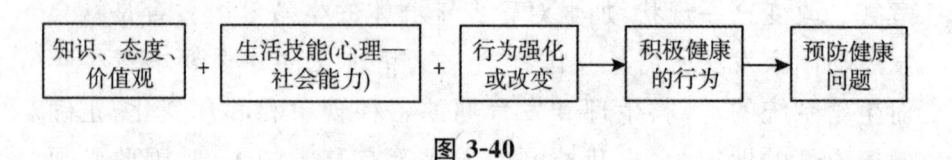

知识、态度、价值观 + 生活技能(心理—社会能力) + 行为强化或改变 → 积极健康的行为 → 预防健康问题

图 3-40

## 三、预防成年疾病的教育

糖尿病、高血压、中风、冠心病、肿瘤等是成年人群体中常见的慢性非传染性疾病,这些疾病也被称作是成年期疾病。当前我国在疾病预防方面将这些疾病作为重点预防对象。虽然这些疾病在青少年群体中出现的概率较小,但客观上确确实实存在一些危险因素会导致这些疾病发生。例如,青少年吸烟的坏习惯、缺乏锻炼的不良生活方式、挑食的毛病以及肥胖等。为了减少青少年群体现在及将来患这些疾病的概率,应尽早对其施加积极有效的干预,降低危险因素的影响程度。

其实,在 20 世纪 80 年代早期,就有一些国家为了预防青少年的成年期疾病而实施了一些干预计划,且均取得了良好的效果,如德国高血压研究所推行的"健康生活是乐趣"的健康教育计划;美国加州推行的"儿童青少年心血管健康试验"(ACTH 计划);美国健康基金会推行的"了解你的身体"计划等。中国一些学校在这方面的干预中,以预防心血管疾病为主,争取通过干预来减少或消除造成该疾病的危险因素,如吸烟、偏食等,从而提高青少年的健康预防与自我保健意识,使其免受疾病的侵袭。

## 第四节 优化体育课程教学

青少年身心健康是中华民族拥有旺盛生命力的体现,是国家综合实力的重要组成部分,是社会文明进步的标志。而体育教学是促进青少年体质健康的保证,其在青少年身心健康方面发挥着非常重要且不可替代的促进作用。因此必须实施有效的体育教学,不断优化体育课程教学要素,提高教学质量与水平,具体应从以下几方面来落实。

### 一、关注体育课堂教学质量

学生参与体育运动,养成良好的体育锻炼习惯,首先必须具备一定的体育知识和技能。关注与提升体育课程教学质量可保证学生对体育知识与技能的获得,而充满活力的体育课堂教学又是保证体育课程教学取得良好效果的关键。为了提高体育课堂教学质量,营造活泼的课堂教学氛围,需从以下几方面进行努力。

(1)培养与提升体育教师的专业素养、道德水平,这能够保证体育教学的质量。教师理论知识扎实,教学技能高超,且热爱工作,认真负责,才能更好地教学生,赢得学生的认可与信赖,并使体育课堂氛围更活跃。

(2)教师要赋予学生一定的权利,对学生的主体性、差异性要充分尊重,使学生拥有学习与掌握体育知识、技能的决策权,耐心听取学生在自学体育知识与技能过程中的收获及见解,肯定学生的优势,及时指出不足,帮助其改正。

(3)对教师施教与学生收获之间的关系进行妥善处理,教师采取对激发学生学习积极性有帮助的多元的教学手段,将有效的教学资源充分利用起来,努力培养学生的自主学习能力和探究能力。

## 二、重视各个学段的有机衔接

体育教师组织体育教学活动、实现体育教学目标等都需要将各个教学阶段密切联系起来,因此要有机衔接小学、初中、高中的体育教学,具体应从以下几方面进行。

(1)教育部门安排权威专家统一规定体育教学内容的逻辑性和衔接性,将各学段教学目标之间的联系重视起来,为教学活动的组织安排提供科学依据。

(2)在小学、中学的升学考试中均设置体育考试项目,对体育理论知识考核、运动技能考核的比例要合理分配,进一步规范升学考试,使学校和社会更加重视体育课程。

(3)各个阶段的体育课程标准要有一定的特色,不同阶段的课程标准必须具有连续性,使体育教学的发展呈现出协调、递进的态势,从而积极培养学生的终身体育意识与运动能力。

## 三、注重学校体育文化的科学建设

在学校体育课程教学发展中,优化建设校园体育文化具有重大意义,良好的校园体育文化能够潜移默化地给学生带来积极影响,促进学生健康成长与综合发展。具体可从以下几方面来建设学校体育文化。

(1)开展丰富的课外体育活动,如校运动会、体育文化节等,营造浓郁的校园体育文化氛围。

(2)组建体育社团或协会,为发挥学生的体育优势、培养学生的体育兴趣、满足学生的体育需求提供平台。

(3)改变封闭的校园文化建设模式,加强与社会体育的有效互动。

# 第四章 青少年体质健康的家庭干预路径研究

对于青少年来说,家庭是其健康成长的根基,对其发展方向和前景都有重要影响。在青少年体质明显下降的当下,正确的家庭教育观、教育方式及优良的家庭教育环境等显得尤为重要。对家庭教育的重要性及家庭对青少年健康成长的影响进行深入探讨,对于促进青少年体质健康、培养全面发展的人才具有重大的现实意义。本章主要从青少年体质健康的家庭干预路径进行研究,主要内容包括优化家庭教育、发展家庭体育、提供健康膳食。

## 第一节 优化家庭教育

### 一、家庭教育概述

(一)家庭教育的内涵

一般来说,父母或其他长辈自觉、有意识地对子女进行的教育就是家庭教育。

随着社会的进步与发展,家庭教育的内涵也在不断拓展与丰富,其突破了传统上单向化的概念与模式,逐渐向家庭成员之间相互影响、相互作用的双向过程过渡。此外,家庭教育的研究在内容上也越来越丰富,包括家庭教育观念、教育内容、教育方式、教育策略、生活条件、生活环境、生活方式等对孩子健康成长与成才的影响。[1]

新时期的家庭教育具有以下几个含义。

(1)家庭教育是家庭成员之间相互影响与相互作用的教育。

(2)家庭教育具有动态关系,表现在作用与反作用上。家庭教育的主要方面是家长对孩子的教育,但这个关系与作用在一些特殊环境中会有相应的转化。

(3)在人的日常生活中及人的一生中都会受到家庭教育的影响。

(4)随着社会变迁,家庭教育内容、形式、功能等会发生相应的变化,这是家庭教育时代性的体现。但一些经典的有意义的内容具有稳固性,这是家庭教育传承性的体现。

## (二)家庭教育的意义

### 1. 家庭教育是青少年接受的启蒙和基础教育

家庭教育是一个非常重要的教育形式,具有独立性,伴随人的一生,每个人最先接触的教育一般都是家庭教育。家长的精心照料促进孩子生理素质发育成熟,家长的正确诱导促进孩子智慧的发展。孩子最早说的话,学习的生活本领,形成的行为,养成的习惯等都是受父母影响的。对于任何一个青少年来说,其健康成长都不能缺少家庭教育这个重要条件。

家庭教育是学校教育和社会教育的基础,学校教育以此为基础而不断延续、深化,社会教育在此前提下继续补充和拓展。虽然青少年的一些特质受先天因素的影响很大,但后天的因素是决定其未来发展的关键,青少年是人一生中的关键成长期,家庭教育对人这一阶段的发展起着决定性影响。

### 2. 家庭教育是学校教育的延伸和补充

学校教育面向全体学生而开展,对于学生的个体差异,总是

---

[1] 张青. 论家庭教育与青少年健康成长[J]. 现代教育科学,2012(12):20-22.

无法一一考虑周全和全面照顾到。作为学校教育的重要补充,家庭教育弥补了这一缺陷。影响孩子的教育力量中,家庭教育最为直接、最有力且最有权威性。对于学校教育和社会教育来说,家庭教育起奠基作用。学校教育与家庭教育相互协作配合能够更有针对性地提高学生的素质,促进学生的发展。

3. 家庭教育与家庭幸福、社会进步有直接关系

所有家长都将全部的爱给自己的孩子,并对其寄予厚望。家庭幸福的一个判断标准就是孩子的成长是否顺利。在信息社会,缺乏社会阅历的青少年很容易被不良信息误导而走向歧途,而良好的家庭教育可引导青少年选择健康的信息来接受,自觉抵制不健康信息的干扰。

青少年是国家未来的建设者,因此家庭教育对青少年的影响也直接关系到社会的进步与发展。

## 二、家庭教育对青少年体质健康的影响

### (一)家长掌控青少年的大部分余暇时间

青少年放学回家后的余暇时间基本都由家长掌控,这本是学生放松的时间,而家长则将这些时间用于使学生上各种辅导班。调查发现,家长非常重视对孩子学习的投资,但主要是文化学习,家长会给学生报各种辅导班,以提升学生的成绩、培养学生的气质、开发学生的智力。虽然教育部门一直在高举"减负"的旗帜,采取相应的措施来减轻学生的负担与压力,但家长仍然会想办法利用学生的余暇时间把"减"掉的那部分补回来,各类学习班几乎占用了学生的全部余暇时间,这就能解释为什么孩子的体质会下降了。

体育锻炼对促进学生体质健康具有重要影响,但前提是学生必须持之以恒,坚持不懈地参与,每天至少锻炼 1 小时,然而现实中学校安排的体育课很少,而且很多都只是表面开设了体育课,

实则被其他文化课占领,学生的体育锻炼机会少得可怜。而且光靠学校安排的有限的体育课时很难取得明显的效果,需要学生利用课外时间来积极锻炼,这样才会有效果。但学生的课外时间又被家长控制,所以锻炼的时间无法保证,学生的体质健康也就无法保证了。

（二）家长掌握营养搭配的主动权

青少年的健康生长发育、机体组织的修复、免疫功能的提高、身体活动所需能量的获取、运动能力的提升、疾病的预防、学习效果的提高、良好体质的获得与保持等都离不开适宜的营养。但如果青少年暴饮暴食,营养过剩,又会导致肥胖症,引起其他慢性疾病。因此,只有膳食平衡,与卫生和健康要求相符,营养的保健作用才能充分地发挥出来。

青少年在营养补充中膳食平衡的主动权主要由家长掌握,他们是否真正了解营养知识,了解孩子的营养需求,懂得合理搭配营养结构,将对青少年的体质健康、良好饮食习惯的形成产生直接影响。

一些家长购买营养保健品来帮助孩子强身健体,这其实是家长对"花钱买健康"的误解,家长思想上的误区影响了孩子的真正健康。

（三）家长影响青少年体育锻炼

现在很多家长都意识到孩子的学习是以健康的身体为基础的,也认识到了体育锻炼对孩子健康的积极影响,但受升学制度等的影响,他们还是不太愿意把孩子的时间和精力浪费在体育锻炼上,甚至会限制孩子参加体育锻炼,因而影响了孩子的健康。

## 三、家庭教育的优化发展对策

（一）树立正确的家庭教育观

家庭教育观要体现全面发展和因材施教,家庭教育除了知识教育外,还包括培养孩子健康的身心素质;培养孩子诚实守信、遵纪守法的品质等。家庭教育要重视孩子的德才兼备,全面发展。这要求对当前两种比较普遍的错误观念进行纠正。

第一,家庭教育缺位。父母未履行家庭教育的责任,没有扮演好自己的角色。

第二,教育观错误,一方面家长认为教育是学校的事,和自己无关,还有一方面就是家长认为教育只包括知识教育,不在意其他内容,重智轻德,影响了孩子的健全发展。

家长必须树立正确的教育观,扮演好自己的角色,充分认识到家庭教育对孩子健康成长的重要性,与学校教育积极配合。

(二)采用科学的教育方法

家庭教育方式是否得当,对孩子的个性形成、心理健康有直接的影响。家长对孩子严而不厉、爱而不溺,循序渐进地教导,这才是正确的教育方法。这样的教育对孩子健全人格的形成、正确人生观与价值观的确立有积极的影响。

家长要善于发现孩子的闪光点,看到孩子的特长与优势,鼓励孩子发挥自己的特长。但同时也要客观面对孩子的不足,正确引导孩子改正缺陷,这些对孩子的健康都是有益的。

(三)营造良好的家庭氛围

家庭氛围是否和谐,直接影响孩子的心情、情绪及人格。良好的家庭氛围是对孩子最好的教育,孩子耳濡目染,在这样的氛围中潜移默化的进步,越来越健康,并不断形成正确的观念与行为习惯。家长要意识到和谐家庭氛围对孩子健康成长的重要性,努力创设利于孩子生长发育的家庭环境。

(四)提供合理的健康膳食指导

家长应学习一些健康饮食与膳食营养的相关知识,了解孩子身体发育对营养的特殊需求,从而为孩子提供均衡的营养和合理的膳食。有些家长认为孩子每天大鱼大肉就一定会茁壮成长,其实这是错误的健康观,大鱼大肉不仅不会让孩子更健康,反而会引起肥胖及其他并发慢性病。家长必须扭转这一思想,树立正确的营养观念,让孩子在全面补充营养、科学锻炼的过程中变得越来越健康。

## 第二节 发展家庭体育

### 一、家庭体育概述

(一)家庭体育的概念

家庭体育是指在家庭生活中,以家庭成员活动为基本形态的活动,是家庭成员根据自己的爱好和需求,按照一定的体育要求所进行的以增进家庭成员的身心健康、养成良好的健身习惯为目的的各种体育锻炼活动形式的总和。①

(二)家庭体育的特征

1. 多样性

家庭体育活动丰富多样,家庭成员可从自身需要及条件出发对适宜的运动进行选择。

2. 自主性

家庭体育的自主性主要体现在活动时间的安排上,业余时间可自行安排活动。

---

① 林秀春. 家庭体育促进青少年学生体质健康的策略研究[J]. 武夷学院学报, 2011(05):84-88.

3. 全面性

家庭体育的全面性指的是锻炼效果,通过参加家庭体育活动,可促进个体身心健康、娱乐放松,也可促进家庭和谐与社会稳定。

4. 灵活性

家庭体育对场地器材要求较低,在院子里、周围空地等都可以活动,灵活自由。

## 二、家庭体育对青少年体质健康的积极影响

(一)家庭体育是学校体育的良好补充

家庭是连接校园内外的重要桥梁。在家庭体育活动中,青少年的主体性能够得到充分的保证,青少年可以对自己的锻炼时间和强度自主进行安排。家庭体育的针对性使青少年主体性的需要得到了满足。青少年在学校所学的体育知识与技能能在家庭体育活动中得到运用与巩固。

(二)家庭体育可减少不良生活方式对青少年体质健康的危害

沉迷网络游戏、抽烟、喝酒等不良的生活方式严重影响了青少年的体质健康,行为因素是对青少年健康造成不良影响的主要危害因素,家长必须认识到这一点,正确引导青少年形成积极健康的生活方式。家长在这方面的引导与教育包括提供合理膳食、组织家庭体育活动。家长从孩子的兴趣爱好及身心发展需要出发对体育活动进行有针对性的安排,激发孩子体育锻炼的积极性,使孩子保持良好的体型与健康状态。

(三)家庭体育对培养青少年的终身体育意识具有重要意义

青少年要形成终身体育意识需要经历一个长期的过程,而且

必须发挥主动性。在这方面,学校体育是一个基础阶段,为学生终身从事体育打基础,家庭体育也起到关键作用,为学校基础作用的发挥提供平台。

家庭体育要配合学校体育,鼓励孩子成为体育积极分子,培养孩子的体育意识与体育能力,使孩子在锻炼中获得健康、获得乐趣、获得成功与享受。

## 三、青少年参与家庭体育的需求分析

为了解青少年对家庭体育的需求,陈智结合天津市实际情况随机发放 120 份青少年调查问卷,最后有 115 份有效问卷,下面就问卷调查结果进行分析。

(一)青少年参与家庭体育的动机

青少年希望与父母共同参与体育活动,主要是为了沟通感情、娱乐放松,初中生中沟通感情者居多,小学生和高中生以娱乐放松为主。

对于"没病就是健康"这一说法,较多青少年都持不赞同态度(表 4-1),而且以初高中生为主。说明很多青少年对健康有比较清楚的认识。但青少年参与家庭体育活动的情况并不乐观,这就形成了明显的矛盾。

表 4-1　青少年对"没病就是健康"的认识[①]

| 态度 | 百分比 | 排序 |
| --- | --- | --- |
| 完全赞同 | 14.8% | 3 |
| 基本赞同 | 33.0% | 2 |
| 不赞同 | 42.6% | 1 |
| 不表态 | 9.6% | 4 |

---

① 陈智. 天津市青少年家庭体育开展对策研究[D]. 天津体育学院,2013.

## 第四章 青少年体质健康的家庭干预路径研究

### (二)青少年对家庭体育的需求程度

青少年对家庭体育的需求直接影响其参与家庭体育活动的行为,青少年的需求能否在家庭体育中得到满足,对家庭体育的开展具有决定性影响。

调查发现,对家庭体育活动的内容、方式感到满足的青少年占一半之多(表 4-2),可见青少年对家庭体育的需求得到了一定的满足。但家庭体育开展不足是客观现实,青少年对此感到满足说明青少年不经常参与家庭体育,且其对家庭体育需求并不高。

表 4-2 青少年对家庭体育的满足程度[①]

|  | 百分比 |
| --- | --- |
| 满足 | 65.0% |
| 不满足 | 35.0% |

### (三)青少年对家庭体育的需求内容

1. 条件需求

调查发现,青少年对家庭体育器材有非常高的需求,但对体育指导的需求相对较低(表 4-3)。青少年年龄越大,自我活动能力就越强,因此对体育指导的需求也就越低(图 4-1)。

表 4-3 青少年对家庭体育条件的需求[②]

|  | 器材需求 | 指导需求 |
| --- | --- | --- |
| 需要 | 56 人 | 37 人 |
| 不需要 | 19 人 | 30 人 |
| 无所谓 | 40 人 | 48 人 |

---

① 陈智. 天津市青少年家庭体育开展对策研究[D]. 天津体育学院,2013.
② 同上。

图 4-1[①]

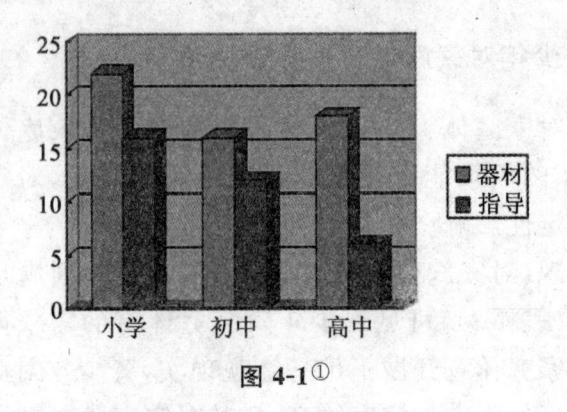

2. 时间需求

调查结果显示,青少年大都希望在清晨参加家庭体育活动,傍晚或晚上排其次,中午排在最后。清晨与晚上基本上是青少年与家长一起度过的时间,因此在这两个时间段一起参与家庭体育比较合理(图 4-2)。

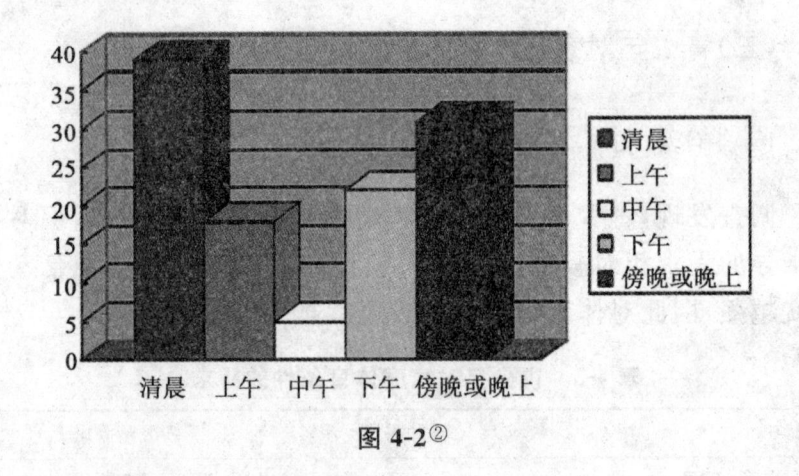

图 4-2[②]

3. 项目需求

青少年希望与父母共同参与的活动内容见表 4-4,娱乐项目居多,智力项目排其次,选择竞技项目、健美项目、乡土项目的偏

---

① 陈智. 天津市青少年家庭体育开展对策研究[D]. 天津体育学院,2013.
② 同上。

少。可见青少年对娱乐、智力性体育活动更有兴趣,对活动强度大、难度大的项目不太愿意尝试,这为家庭体育活动的开展提供了重要的依据与线索。

表 4-4 青少年对家庭体育活动项目的需求[①]

| 项目类型 | 百分比 | 排序 |
| --- | --- | --- |
| 娱乐运动 | 48.0 | 1 |
| 智力运动 | 16.0 | 2 |
| 竞技运动 | 14.0 | 3 |
| 健美运动 | 6.0 | 5 |
| 乡土运动 | 2.0 | 6 |
| 其他运动 | 14.0 | 4 |

## 四、家庭体育发展的建议

### (一)国家呼吁并号召家庭体育的开展

国家层面呼吁与号召发展家庭体育是一种积极有效的措施,通过公开、广泛的倡导及宣传来提升公众对家庭体育的认识度,使人们不断接受家庭体育。国家可出台关于家庭体育的相关政策,制定关于青少年家庭体育的条例。从法律上规范与保障家庭体育的发展。

### (二)支持、促进家庭体育的开展

要从多方面支持与促进家庭体育的开展,除了需要家庭成员的努力外,学校、社会等多方面的力量也是不可忽视的。不同客体采取不同的支持促进措施,如学校给孩子布置课后关于体育锻炼的作业与任务;体育政府部门大力倡导青少年参与家庭体育活

---

① 陈智.天津市青少年家庭体育开展对策研究[D].天津体育学院,2013.

动;社会企业等提供器材、资金等资源。

### (三)倡导自发性建立家庭体育组织

自发性的家庭体育组织可促进家庭体育的开展。家庭体育的规范化发展离不开组织管理,而其良性发展又离不开自由民主的氛围。因此,需要政府、社会、家庭等共同决策来建立家庭体育组织,结构模型与构建如图4-3所示。

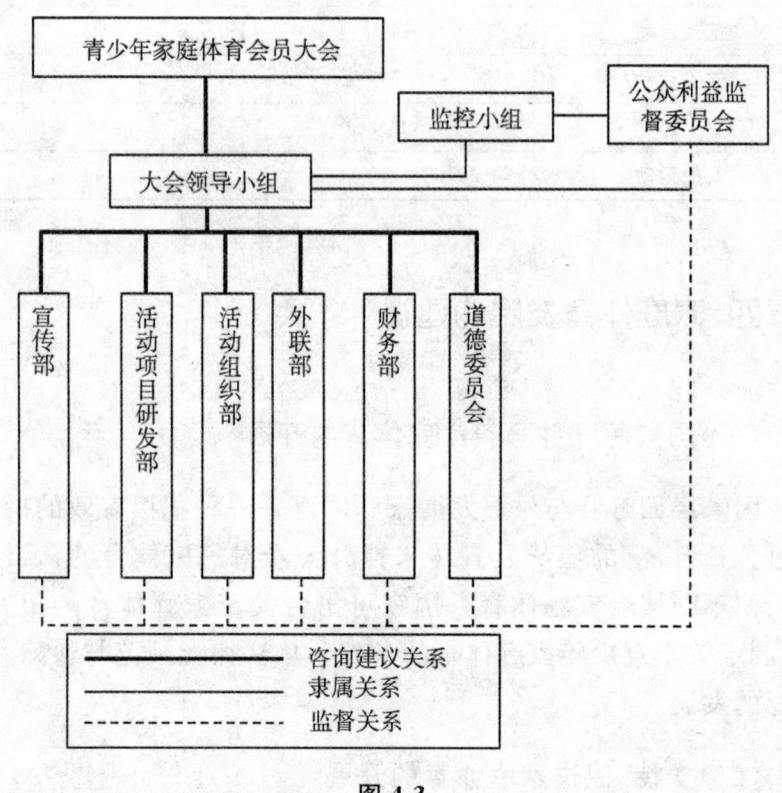

图 4-3

### (四)以经济消费刺激家庭体育的发展

通过体育产品的促销活动、相关合作企业为家庭体育投资等方式来刺激家庭体育。需要注意的是,应根据不同家庭的实际经济水平来开发不同价格层次的促销产品。

# 第三节　提供健康膳食

## 一、膳食营养概述

营养是指人体摄入、消化、吸收和利用食物中营养成分，维持生长发育、组织更新和良好健康状态的动态过程。[①] 营养素指的是食物中具有营养价值的物质。人们摄取食物，补充营养素，营养素在人体内经过吸收利用，为机体提供能量、促进新陈代谢，同时对人的生理功能及其他内环境进行调节，这是营养素的功能。

蛋白质、糖、脂肪、矿物质、维生素和水等常见的几类营养素构成了人类生命活动的重要基础。

人类补充营养的主要途径就是进食，这也是人类生存与繁殖的重要途径。人从膳食中获取营养是最为科学的营养补充方式。

## 二、青少年膳食营养调查与评价

营养调查是膳食营养评价中最常用的一种方法，通过调查与评价及时发现青少年缺乏哪些营养，是否存在营养过剩现象，然后根据实际情况加以改善，做到营养全面、膳食合理，从而促进其健康成长。

(一)膳食调查方法

在营养评价中这一方法的应用比较广泛，具有重要作用。

一般进行为期3~7天的膳食调查。询问法、称重法、记账法是较为常用的调查方法，下面主要分析在青少年膳食调查中最为适用的询问法。

---

[①] 谭思洁,王健,郭玉兰.青少年运动健康促进导论[M].北京:知识产权出版社,2012.

1. 询问法膳食调查

打电话询问受试者,或面对面询问受试者,或使其填写问卷等,通过这些方法将膳食调查表填好(表 4-5),然后整理数据信息,进行计算。经过 3~7 天的询问调查后,取平均数,这样结果更为准确。

一般在调查前要专门培训被试者,使其表述尽可能准确、详细,避免漏掉重要信息,从而保证调查的准确性。

**表 4-5 膳食调查表**

姓名: 性别: 年龄: 调查日期:

| | 食物 | 进食量 | 备注 |
|---|---|---|---|
| 早餐 | | | |
| 中餐 | | | |
| 晚餐 | | | |
| 加餐 | | | |

2. 膳食评价

对比已获得的调查结果和食物成分表,然后科学计算,详细分析,得出结果,认真撰写评价报告。

(1)每天不同类型营养素的平均摄入量。

(2)不同类型营养素每天的平均摄入量占推荐摄入量的比例。

(3)分析与评价三餐能量分配比例(表4-6)。

(4)对比糖、蛋白质与脂肪摄入比例与推荐比例(表4-7)。

(5)蛋白质摄入量中动物性蛋白所占的比例。

(6)不同类型食物的摄入量。

表4-6 某男生(少年)三餐能量摄入

| | 能量摄入(千卡) | 百分比 |
|---|---|---|
| 早餐 | 376.2 | 15.7% |
| 午餐 | 992.3 | 41.3% |
| 晚餐 | 1 033.1 | 43.0% |
| 总计 | 2 401.6 | 100% |

评价:早餐能量摄入不足,会对上午的学习产生影响;晚餐能量过多,容易长胖;总热能摄入较少

表4-7 某男生(少年)膳食中三大营养素占总能量的比例

| | 重量(克) | 能量(千卡) | 在总能量中的比例 | 评价 |
|---|---|---|---|---|
| 脂肪 | 92.1 | 828.6 | 34.5% | 偏高 |
| 蛋白质 | 118.9 | 475.5 | 19.8% | 正常 |
| 糖 | 274.4 | 1 097.5 | 45.7% | 偏低 |
| 总计 | 485.4 | 2 401.6 | 100% | |

(二)营养调查方法

营养调查内容包括以下几个部分。

1. 膳食调查

对青少年在一段时间内每天摄入的膳食种类、数量进行统计,参照食物成分表对其每天在膳食中摄取的营养素和能量进行

计算,然后对比营养学家推荐的较为科学的营养素供给量,判断青少年摄取的营养素和能量在配比及总量上是否合理。具体参考上述内容。这一方法简便易行,比较常用。

2. 生化检验

从生化角度检验青少年血液及尿中所含的营养素及相关成分,从而对其体内储存的营养素及机体代谢情况有一个基本的了解。

3. 体格检查

定期对青少年进行体质检测,对其生长发育及健康状况进行评价,了解是否营养不足,缺乏哪些营养,从而确立相应对策。

## 三、健康与平衡膳食的要点

维持良好健康状态需要合理补充营养,这是以合理的膳食作为物质基础的,只有合理搭配各种营养素,人体生理机能运行的需要才能得到满足。对于青少年而言,膳食结构的平衡尤其重要,对其健康生长发育、身心良好发展具有重要意义。

关于膳食的健康与平衡,专家提出如下意见。

(1)每日热能的摄入与消耗要保持平衡。

(2)准时吃三餐,早、中、晚三餐的要点分别是"好""饱""少"。

(3)食物丰富多样。

(4)合理分配三大营养素的摄入比例。

(5)每日饮水1.5升,每次350毫升(心肾不全者除外)。

(6)蔬菜、水果不能少。

(7)少吃油炸食物。

(8)计算理想体重,努力达到该体重。

## 四、青少年特殊营养需要

青少年的营养状况直接影响其生长速度、学习能力、运动成绩及性成熟程度等。在人的一生中,对营养素需求量最多的时期就是青少年时期,若没有补充足够的热能及营养素,就会出现一系列健康问题,如发育期推迟,个子长不高,营养缺乏症等。因此家长要特别注意青少年对营养的特殊需要,结合青少年的身心发展特征与需求而提供科学的营养。

下面分析青少年的特殊营养需要及饮食原则。

(一)矿物质与维生素

1. 矿物质

(1)钙

青少年平均每天需留存300毫克钙,若食物的钙吸收率为30%,则每天钙的需要量至少为1 000毫克,11～15岁青少年每天推荐摄入钙的量为600～700毫克。

(2)铁

青少年需要补充足够的铁,从而促进血红蛋白与肌红蛋白的合成,不管男生与女生都应如此。男生要让体重增加1千克,就要补充铁42毫克,女生稍少一些,补充31毫克。有月经的女生可适当增加补充量,因为体内的铁在月经期会流失。

(3)其他

青少年的生长发育、性成熟等离不开对锌的适量补充,同时也要适当补充碘,以免引起甲状腺肿的问题。

2. 维生素

通常来说,青春期维生素A的摄入水平较低,青春期初期维生素D的供给量与学龄儿童时期没有差别,日需求量约10微克。在青春期阶段,随着热能供给的增加,水溶性维生素(维生素$B_1$、维生素$B_2$、烟酸)的供给量也要相应增加。青少年对叶酸、维生素$B_6$、维生素$B_{12}$的需求会不断增加,因此必须注意补充。

## (二)热能需求

在人的一生中,青春期阶段机体对热能的需求量达到最高峰。若补充不足,则容易出现营养缺乏症,影响体力与学习;如过多摄入,又容易导致肥胖及其他慢性病。所以,青少年对热能的补充必须适宜。

我国专家对青少年每天的热能供给量提出了建议,男生与女生分别为 2 400~2 800 千卡、2 300~2 400 千卡。

## (三)饮食的特殊需要

(1)每天早、中、晚三餐必须吃好,主要从面、米和蛋白质、脂肪中获取能量。

(2)维生素和矿物质必须足量补充,改掉偏食、择食的不良饮食习惯,要多吃蔬菜,否则营养不平衡会增加成人期疾病的发生率,如高血脂、心血管疾病等。

(3)富含蛋白质的食物(豆制品、鱼、蛋、牛奶、瘦肉等)要适当多补充一些,每日大约补充 80~90 克蛋白质。

(4)女生不能为了减肥而挨饿,否则容易得冠心病。

## (四)青春期饮食原则

(1)青少年上课及参加课外活动所需的能量必须通过进食来获得,不要依赖营养品。

(2)食物多样化,合理搭配,营养均衡。

(3)多喝水,不要用饮料代替。

(4)超重、肥胖的青少年少吃热量高的食物,多进行体育锻炼,不要盲目节食减肥。

(5)按时进餐,避免不规律饮食、暴饮暴食,否则会影响肠胃功能,活动量较大时适当加餐。

家长必须牢记上述要点与原则,把好饮食这一关,较科学地给孩子提供健康的营养与食物,促进孩子健康成长。

# 第五章 青少年体质健康的社会干预路径研究

青少年体质健康是一个综合性社会问题,青少年体质薄弱已经成为困扰我国教育发展和社会发展的一个重大问题,我国应从全社会发展的大环境出发对这一问题进行全方位审视,应鼓励全社会共同关注与参与,争取不同的社会领域和层面能够协调一致,针对薄弱环节采取切实可行的措施,以扭转我国青少年体质下降的现状。在我国全面构建社会主义和谐社会的今天,"健康中国""全民健身""可持续发展"等战略的提出都为改善青少年体质健康状况提供了良好的历史契机和有利条件,我们应抓住这一历史机遇,采取一系列有效的措施来积极干预青少年体质健康问题,提高青少年体质健康水平,同时也为我国的可持续发展奠定基础。本章特别对青少年体质健康的社会干预路径进行研究,主要包括注重环境保护、完善与落实法律法规、重建大健康体系、健全社会公共体育服务体系及构建家庭、学校、社会的协同发展机制。

## 第一节 注重环境保护

### 一、环境与健康

(一)环境污染物

环境对人类体质健康的影响主要是指环境污染带来的消极影响,环境污染是由污染物造成的,常见的环境污染物类型见表5-1。

表 5-1 环境污染物类型

| 分类 | |
|---|---|
| 化学性污染物 | 有害气体 |
| | 农药 |
| | 高分子化合物 |
| | 有机化合物与无机化合物 |
| | 重金属等 |
| 物理性污染物 | 粉尘 |
| | 噪声 |
| | 电磁辐射 |
| | 电离辐射等 |
| 生物性污染物 | 寄生虫 |
| | 有害动植物 |
| | 病原微生物等 |

### （二）环境污染对健康的影响

交通性污染、电子污染、医院污染、生产性污染、生活性污染等是上述常见环境污染物的主要来源，这就导致环境污染具有广泛性、长期性、复杂性，因此对人体健康的危害非常大，具体见表 5-2。

表 5-2 环境污染对人体健康的危害

| 危害类型 | | 具体危害 |
|---|---|---|
| 特异性危害 | 急性中毒 | 光化学烟雾事件 |
| | | 急性烟雾事件 |
| | | 其他急性危害事件 |
| | 慢性危害 | 公害病 |
| | | 慢性职业性损害 |

第五章 青少年体质健康的社会干预路径研究

续表

| 危害类型 | 具体危害 | |
|---|---|---|
| 特异性危害 | 远期危害 | 致突变作用 |
| | | 致畸作用（生物性因素、化学性因素及物理性因素都是主要的致畸因素） |
| | | 致癌作用（物理性因素、化学性因素及生物性因素都是主要的致癌因素） |
| 非特异性危害 | 因环境污染物的非特异性作用使有关功能减弱，从而间接影响所导致的损害，如高温环境使胃肠道疾病发病率提升等 | |
| 其他危害 | 传播疾病等 | |

## 二、环境保护的概念与内容

（一）环境保护的概念

人类为对现实或潜在的环境问题进行解决，促进自身与环境的关系的协调，保障经济社会持续发展而采取的行动就是所谓的环境保护。行政管理类保护、工程技术类保护、经济类保护、法律类保护、宣传教育类保护等是常见的几类环境保护方法。[①]

（二）环境保护的主要内容

环境保护主要包括以下几项内容。

1. 防治开发建设活动中引起的环境污染

（1）围湖造田活动、农垦、海岸带开发、海上油田开发、森林和矿产资源开发等容易破坏环境，要注意防治。

（2）大型机场项目、水利工程、港口码头、铁路与公路干线等工程建设极易污染与破坏环境，要注意防治。

---

① 王健，等．健康教育[M]．北京:高等教育出版社，2006．

(3)建设新工业区、新城镇等容易破坏与污染环境,要特别注意防治。

**2. 防治生产生活活动中引起的环境污染**

(1)交通运输活动产生的有害气体、排出的污染物及发出的噪声极易污染与破坏环境,要注意防治。

(2)工业生产排放的"三废"、放射性物质、粉尘、发出的噪声、臭味、辐射极易污染与破坏环境,要注意防治。

(3)生活和工农业生产中使用的毒害性化学品极易污染与破坏环境,要注意防治。

(4)生活中排放的垃圾、烟尘极易污染与破坏环境,要注意防治。

**3. 保护有特殊价值的自然环境**

(1)保护珍稀物种及其生活环境。

(2)保护特殊的自然发展史遗迹、地质现象、地貌景观等。

环境保护的内容除了上述几种外,还包括植树造林、城乡规划、生产力的合理配置等。

## 三、环境保护措施

环境保护中主要采取以下措施。

### (一)提高全社会的环境保护意识

在环保问题上,社会公众的力量是无穷的,因此必须努力提高公众的环保意识。

(1)积极宣传环保的重要性,促进公众环保意识的提高,使其真正参与到保护环境的行动中来。

(2)政府、工业污染大户等要接受来自公众、新闻媒体的监督,公众可以适当给政府施加压力,从而切实落实环保政策。

(3)充分发挥民间环保组织的作用,鼓励民间环保组织参与到政府的相关决策中,促进环保、节能等良好社会风气的形成。

## (二)健全与完善环境保护的相关法律法规,切实提高执法力度

(1)针对化学物质污染、土壤污染、水污染、生物安全、生态保护、臭氧层保护、核安全和环境监测等问题,要及时制定相应的法律法规,完善现有的相关法律法规,遵守这些法规来落实环保工作,提高环保效果。

(2)严格监督与管理各类工业开发区的环境情况,若发现没有达到环境质量要求,要下达限期整改的命令,到达规定期限后再次检查,严格限制工业废弃物的外流。对工业生产的管控要特别重视,促进环境保护工作质量的提高。

(3)健全法律援助机制,保障污染受害者的安全与利益,对环境民事和行政公诉制度加以制定与完善,走法律程序来惩戒破坏环境的违法行为,警示其他不良分子。

## (三)建立健全环保机制,在环保方面增加经费投入

(1)政府要在环境保护方面加大资金投入力度,在每年的财政支出预算中,各级政府要将环境保护投入列为重点内容,逐年适当增加这部分支出。这部分经费主要用于防治污染、保护生态、建立环保试点等,以增强环保监管力度,为环保工作的开展及环保技术的开发提供基础保障,使各项环保工作和污染治理工作能够顺利有序地进行,提高效率。

(2)在环保基础设施建设方面,要引导社会资金的广泛投入和社会各界的积极参与,促进政府机制的完善和社会资金筹集渠道的扩展,使各类所有制经济实体都能投资污染治理设施建设,扩大运营规模,提高治理效果。

## (四)促进环境管理体制与监管制度的健全与完善

(1)建立健全"国家监察、地方监管、单位负责"的环境监管体制,国家加大对地方政府及其有关部门执行环保法律法规情况的

监察力度。

（2）地方政府要对本辖区环境质量负责，落实污染防治和生态保护任务，因为地方政府机构对于本辖区内环境问题的掌握比较全面，所以更加适合开展环保专项治理工作。

（3）各类法人和其他组织负责解决自身的环境问题，承担污染治理和生态恢复责任。

（五）推动环境科技进步，加强环保队伍建设

（1）大力建设环保科技基础平台，在国家科技规划中纳入重大环保科研项目并优先开发，对关键技术和共性技术的科技攻关要积极组织，重点组织重大环保技术的科学研究与开发（如污水深度处理、饮水安全、汽车尾气净化处理、资源循环利用等），搞好产业化示范，加快高新技术（新材料、生物、信息等）在环保领域的广泛应用，对先进的环保技术要积极加以推广，高效利用，大力促进科技成果的顺利转化。

（2）促进环境监察体系、监测体系和应急体系的健全，对环保人员的管理、培训要严格、规范，提高环保工作者的专业素质，建设优秀的环保队伍。

总之，我国政府及社会各界要不断努力，真正行动起来，不断实现环保目标，实现可持续发展的战略目标，为提高包括青少年在内的所有国民的健康水平、实现中华民族的伟大复兴而做出贡献，共创祖国的美好未来。

## 第二节　完善与落实法律法规

### 一、青少年体质健康促进中相关法律法规的落实情况

我国自改革开放以来相继颁布了多部与青少年体质健康有直接关系或间接关系的不同层次的法律法规，初步构建了青少年

体质健康的法律保障体系,基本解决了青少年体质健康促进中无法可依的问题,但从根本上来说还是没能解决青少年体质健康的问题,这不仅是因为青少年体质健康是一个综合而复杂的社会问题,更是因为虽然构建了相关的法律体系,但仍存在有法不依、执法不严的严重现象。

关于青少年体质健康的法规文件对学校体育的运行起到了规范与监督的作用,对于促进学生体质增强,遏制学生体质下降具有重要意义。然而,虽然我国一再提出素质教育理念,但受应试教育思想及教育改革不彻底的影响,导致实践中仍未全面而深入地贯彻新的教育理念,使学校教育陷入了既非应试教育也非素质教育的尴尬局面。同时,在应试教育的冲击下,相关体育法规落实的空间大大缩小,从而出现了制约学生进行体育锻炼的现象,如随意停止体育课、挤占体育课、占领学生体育活动场地等。

体育教师是学生体质健康的有力促进者和保障者,学校应配备合格的体育教师,保障体育教师享受相关待遇。但在实际中,学校普遍存在体育教师配备不足、未给予体育教师相应待遇的现象。体育教师的课时、待遇都不及其他学科教师,而且在学校评优、评职称等方面,体育教师也被边缘化,这已是司空见惯的现象。这些都使体育教师的积极性严重受挫,导致体育教师队伍多浮动、多外流,不够稳定,这使体育教学质量、学生体质健康都受到了严重的影响。为避免这些现象的发生或解决已发生的不良现象,保障体育教师的权益及青少年体质健康,应从实践层面促进相关法规的落实,进一步加强监督和检查,为促进青少年体质健康提供法律保障。

## 二、青少年体质健康促进中完善与落实相关法律法规的对策

具体来说,在青少年体质健康促进中,为完善与落实相关法律法规,可从以下几方面着手。

## (一)切实落实法律法规,加大监督力度

对于国家的教育方针,各级行政部门和各级各类学校要全面且深入地贯彻,对素质教育要全面推进,真正在"健康第一"的指导思想下开展体现国家教育方针的教育实践。要严格督促与检查地方教育行政部门和学校对相关法律法规的贯彻落实情况,使学校真正贯彻相关法规,发挥法律法规的作用。

在学校体育发展方面,相关行政部门和学校应增加资金投入,在年度教育经费预算中将学校体育经费作为一项重要内容,并保障这笔经费的高效利用。随着教育经费的不断增长,体育教育经费的比例也应有所增长,从而使学校体育工作能够顺利开展。

## (二)结合各地实际情况细化和落实全国性综合法律

我国政府针对全国体育发展的总体状况而制定了《中华人民共和国体育法》,其相关条款与规定具有明显的呼吁性,缺乏一定的约束力,针对性不足,也没有很强的可操作性。因此,在具体实践中应与各地区实际情况结合起来,依据国家总的法律对更加符合各地区具体情况的配套法规进行制定与完善,提高法律法规的针对性、具体性和实效性。

例如,成都市依据国家总的体育法律制定了《成都市体育条例》,这是我国第一部综合性地方体育法规。这一法律文件符合成都市青少年学生的体质健康情况及其他现实条件,因此落实情况较好,具有借鉴和参考意义。

## (三)加强对相关法规的修订和完善

我国颁布实施《中华人民共和国体育法》《全民健身条例》已有很长的时间,理应从现实需要出发来修订与完善这些法律,进一步明确规定不同类型的社会组织在促进青少年体质健康中应履行什么职责和义务。

同样,在修订《学校体育工作条例》《义务教育法》《未成年人

保护法》等法律法规时,应重点关注青少年的体质健康问题,使这些法律法规对青少年体质健康的保障作用得到充分发挥,促进配套法规体系的逐步完善,提高相关法律法规的约束力,使其更具操作性、实效性。①

同时,应从社会新形势、新问题出发来修订与完善相关法规,关注流动人口子女的体质健康问题,从而体现教育公平,促进社会和谐发展。

## 第三节 重建大健康体系

随着中国人的健康危机越来越严重,各类生命健康服务问题也越来越受关注,这些问题主要涉及生命修炼、疾病治疗、健康治理等。现阶段,我国的健康保障体系只是停留在简单的医疗卫生服务模式中,具体表现为"有病看病、无病查体",而系统的、多元的、覆盖整个生命周期,且将生命、健康和疾病问题处理都包含在内的大健康保障服务体系还未建立,因此只能提供"头痛医头、脚痛医脚"的健康服务。现代人的健康问题很多,这在现行医疗卫生体系中并没有都体现出来,所以需要加强对内容全面的、多样化的大健康服务体系和模式进行构建,并进一步明确健康服务的目标。

从图5-1来看,我国"健康保障体系"的结构明显不平衡,对此必须努力作出调整与改革。

大健康保障体系不仅包含医疗卫生服务保障体系,还包含医养强生的健康服务体系、生活方式改进模式及生态环境保护模式等内容。总体而言,在大健康保障体系构建中应重点从以下三个子体系出发,从而充分保障包括青少年群体在内的国民的健康。

---

① 陈玉忠.关于我国青少年体质健康问题的若干社会学思考[J].中国体育科技,2007(06):83-90.

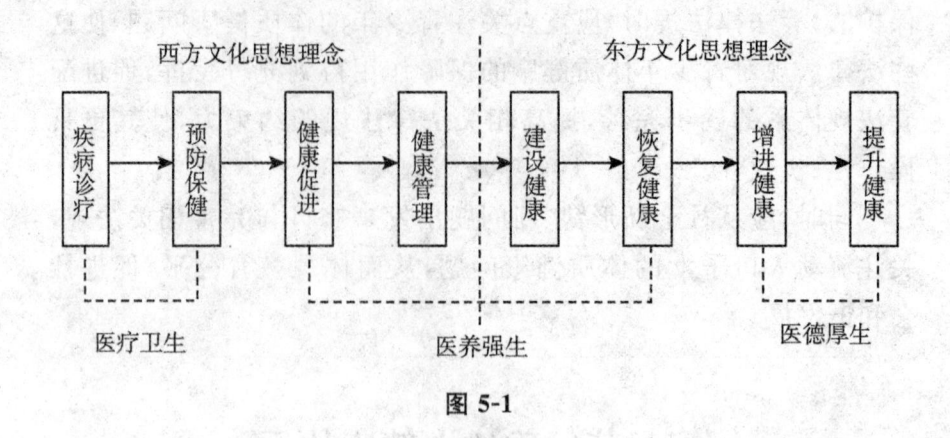

```
     西方文化思想理念              东方文化思想理念
┌──────┐ ┌──────┐ ┌──────┐ ┌──────┐ ┌──────┐ ┌──────┐ ┌──────┐ ┌──────┐
│疾病诊疗│→│预防保健│→│健康促进│→│健康管理│→│建设健康│→│恢复健康│→│增进健康│→│提升健康│
└──────┘ └──────┘ └──────┘ └──────┘ └──────┘ └──────┘ └──────┘ └──────┘
    ┆        ┆         ┆        ┆         ┆        ┆         ┆        ┆
  医疗卫生            医养强生                           医德厚生
```

图 5-1

## 一、构建大健康政策体系

### （一）大健康体系作为综合体系应包含医疗卫生体系

我国现有的医疗卫生体系、健康政策保障制度体系等实际上都是以西医为主。新中国成立以来，我国在医疗卫生制度体系建设的大政方针方面始终以西医为主，将"健康"用"医疗"替代的现象几乎出现在所有制度和法律文件中，即使是社区医疗卫生服务中心、单位社区医院等，在构建医疗卫生体系中也以西医防病治病为主，总之主战场都是西医医疗体系，旨在抢救与保卫生命。这表明我国对生命个体的疾病一直都是被动应对的，我国医疗卫生体系建设是建立在"得病"这一起点上的，而没有体现出人们在生病前应该如何从养生保健角度出发来预防疾病，维护健康，如何运用医养强生来促进自我康复等。

我国错误地在医疗卫生保障体系（以西医为主）与健康保障体系之间画了等号，甚至也是在此前提下以西医为主进行医学改革。我们必须认识到，大健康保障体系包含的内容很多，医疗卫生体系只是其中制度体系的一个组成部分。医疗卫生体系与大健康保障体系之间不是孰大孰小的问题，我们强调大健康保障体系不是仅仅是因为其比以西医为主的现代医疗卫生体系大，而是说一个大健康保障体系应该是全面系统的，是完善的，不能只强调其中的医疗卫生体系，还要重视对其他个体养生保健和生病后医养康复有保障作用的政策制度体系。重建大健康保障体系必须将此重视起来，要弥补之前缺失的部分，构建系统的可操作的体系。

（二）加强对大健康制度保障体系的重建

重建大健康制度保障体系必须树立与时俱进的理念，不能一味地以医疗卫生制度为统领而进行制度设计，要从制度层面对一切有关人类健康的行业进行归类。例如，我国的医疗政策制度设计一直以西医为主，而且中医也是在此基础上开展工作，虽然医疗政策制度中也包含了一些中医因素，但始终不是占主流地位的，甚至有边缘化趋势，完全不受重视。人们生病后如果西医治不好，就去看中医，这样就无法充分体现出中医的功效，如强身保健、防病养生等。中医的治病理念和西医完全不同，西医手术治疗后身体的康复需要中医的调理，而中医的这些精髓在当前的医疗政策制度体系中得不到体现。因此必须重建医疗政策制度体系或改革当前的医疗政策制度体系，体现中医的价值。

（三）从观念上正确对待人类健康的守护者——中医学和西医学

事实上，从大健康观出发，优先于疾病治疗的位置才是健康治理的正确位置，保健养生、医养强生是健康治理的关键，从而使疾病的发生率降低，并通过医养的方式解决大量的亚健康、慢性病和老年病等问题。我们不能只通过医治好多少病患这一标准来评价医疗卫生的成就，疾病发生率逐年降低了多少才应该成为第一评价指标。只有这样，才能真正体现出在大健康事业中保健养生的第一位置。在行动上，我们要通过重建大健康保障制度来弥补这一部分缺失。

在健康的维护和恢复方面，中医应先行于西医。事实上，与西医相比，中医更全面，兼顾防病与治病，这是千百年来中医学的成就。"养"是中医的重心，通过"养"来"防病"和"治病"，养既能减少得病或避免得病,又能促进慢性病的自我康复,并使人摆脱亚健康状态。医养强生是中医的主要功效表现,人们通过此来保持身体健康,恢复身体功能平衡,不断提升身体机能,在大健康事业中应该将这些真正重视起来。

如果没有发生疾病,通过中医的"养"可以避免生命个体由健康走向不健康。我们需要注意的是,在中医中药事业的发展中,这个"养"可以称得上是全部重心,我们要不断完善医疗卫生体系来为人类提供安全保障,要加强对健康学科理论、健康产业的研究与开发,注重保护环境、食品健康等,从而使人们意识觉醒,获得精神上的激励,这是一个系统的过程,要分清主次。

在人类生命健康中,中医和西医都不可或缺,但是它们各自有不同的施治对象和功效。我国在防治疾病的制度建设中以医疗卫生体系为主,虽然这在一定程度上保障了人类的生命健康,但在人类健康需求日益扩大化的今天,在大健康概念不断被提出与提醒的今天,如果还继续沿用原有的医疗卫生体系,显然无法满足人类的健康需求。此时就要发挥中医的价值和优势了。一直以来,中医和西医在医疗、卫生、治病、科学等方面就有激烈的竞争或争论,最后也没能争出什么。其实,中医以养病为核心,强调平衡,使人通过医养强生、补充营养、合理保养、用心静养等方式来获得健康,保障生命安全,这是健康事业未来的发展方向。

当然,作为生命和健康最终保障的医疗卫生体系应该被保留下来,而且还要进一步健全与完善这个体系,要适当改革其中不合理的部分。因此,当前我国重建大健康保障体系应将医养强生作为重点,并完整构建整个制度体系。

## 二、构建大健康学科体系

### (一)正确理解大健康学科体系

将大健康政策体系理顺后,要着手进行对学科体系的研究与构建。建设学科体系主要是为了培养健康人才,这里首先要清楚健康学科体系不同于现代疾病医学学科体系,这里的健康学科体系是一个新的学科理念,是基于新的大健康保障体系而设计的。建设健康学科体系,首先要重塑健康观念,包括探索健康教育模式等。建设健康学科体系要设计好和健康有关的所有内容,要在原来的基础上进行创新,研究要更全面、深入。

构建健康学科体系还要注重构建人才培养模式,争取对健康建设人才和管理人才进行全方位培养,而不仅仅是培养优秀的医生。从这一点来说,我国发展健康产业和健康事业,要以健康学科体系的建设为基础,通过学科体系建设提供人才保障,促进全新的大健康保障体系的构建与完善。

(二)建设健康学科体系要树立大健康理念

在大健康理念下推出新的理论,这是我们构建大健康学科体系的第一步。既然要对大健康保障体系进行重建,并已经确定要采用一种新的健康发展模式(医养强生),那就应该将新的"健康学"理论和技术体系(基于大健康观)作为理论基石,而原来的现代疾病医学理论在此就不适用了。

现代医学将主要力量投入到研究和治疗疾病上,对健康的定义与理解也是从疾病的角度来进行的,而且以单一的医疗卫生体系来防病治病、保卫健康,继而对整个健康事业进行控制。可以说原有医学理论在健康发展战略上一直采取防御性战略和攻击性战略,分别对应防病与治病,这就导致我们对健康本质的认识一直不够主动与全面,系统的健康学科理论体系也未能建立,而且在原有理论指导下的学科建设也存在种种弊端,对人才的培养不够完善,只注重发明药品与技术来防病治病,而不注重通过培养人才与产品来解决健康问题。所以说,只有构建相对独立的健康学科理论体系,采取新的人才培养模式,才能将健康事业真正做好、做强。

## 三、构建大健康产业体系

### (一)正确认识与理解大健康产业体系

同健康事业有关的所有产业体系、发展战略规划都属于大健康保障的产业体系的范畴。

我们首先要清晰地认识和理解大健康产业体系,并构建好大健康产业结构标准体系、规划好大健康产业发展战略。现在这个行业的发展多是在自发或资本市场的驱动下盲目推进的,而至于健康产业是否依然停留在医疗卫生中这个问题,大家感到有些迷茫和混乱。在健康产业中要不要纳入医疗事业,这有待进一步探讨。因为单纯将医疗纳入产业或商业化中来思考存在一些问题,很多学者建议不要将二者放在一起。即便放在一起,医疗产业也是以一个特殊的产业形态出现在大健康产业里的,而且应该由政府指导。可见大健康产业与原有的医疗卫生产业相比具有超越性。

大健康产业可以分为健康基础产业、健康支撑产业和健康服务产业三个部分,见表5-3。

表5-3 大健康产业的分类

| 三大类 | 具体内容 |
| --- | --- |
| 健康基础产业 | 生殖健康 |
|  | 生活健康 |
|  | 健康文化业 |
|  | 健康农业 |
|  | 健康生态保护业 |
|  | 健康研究业 |
|  | 健康监测业 |
|  | 健康人才培养业 |
|  | 疾病防控业等 |

续表

| 三大类 | 具体内容 | |
|---|---|---|
| 健康支撑产业 | 健康产品制造业 | |
| | 健康技术与产品研发业 | |
| | 健康贸易业 | |
| | 健康保险业 | |
| | 健康互联网产业 | |
| | 健康地产业 | |
| | 健康教育与培训业 | |
| | 健康科技创新业 | |
| | 健康文化创意与文化传播业 | |
| | 健康产业咨询或健康智库业 | |
| | 健康数据分析及信息管理业 | |
| | 健康商贸物流业等 | |
| 健康服务产业 | 医养健康服务业 | 中医保健养生产业 |
| | | 妇幼保健产业 |
| | | 健康养老产业 |
| | | 整形美容产业 |
| | | 慢性病康复服务业等 |
| | 医疗健康服务业 | 医疗治病服务业 |
| | | 卫生防疫服务业 |
| | | 疾病控制服务业等 |
| | 生活健康服务业 | 健康餐饮产业 |
| | | 运动健身产业 |
| | | 修身养性健康服务业 |
| | | 旅游健康服务产业等 |
| | 相关服务贸易业等 | |

## （二）大健康产业发展战略

发展大健康产业，应制定全局战略、创新战略及长远战略，具体从以下几个方面着手。

**1. 改变传统思维,坚持新思维**

我们在改变传统思维的同时要坚持以下五大新思维。
(1)产业思维。
(2)金融资本思维。
(3)互联网思维。
(4)平台思维。
(5)战略融合思维。

**2. 打造产业生态链,提升产业价值链**

大健康产业应谋求三跨转型升级——"跨界""跨域""跨境",从而整合整个产业生态链,促进全景式健康产业链的形成,发挥产业集群的优势,发挥更大的作用与价值。

**3. 对健康行业的复合型人才进行培养**

培养健康方面的复合型人才,一方面要建设高水平的大健康专业院校;另一方面要加强对大健康领域人才的教育培训。

综上,我们应努力构建包含政策、学科、产业在内的三位一体大健康体系,这三个方面缺一不可,只有建立并完善这三个体系,并使之正常运行,才能进一步保障青少年的健康,保障国民的健康。

## 第四节 健全社会公共体育服务体系

社会公共体育服务体系发展是我国实现服务型政府职能的有效途径;是满足青少年体育需求、健康需求,提高青少年身体素质,完善全民健身体系的重要载体;是实现"体育强国"战略目标的重要途径,因此应加强对社会公共体育服务体系的建立健全。

## 一、建立健全我国公共体育服务体系的价值导向

（一）建立健全公共体育服务体系的价值先导

"以人为本"是建立健全公共体育服务体系的价值先导，具体体现在以下几个层面。

(1)逻辑起点：保障公民的体育运动权益。
(2)最终归属：满足公民的体育运动需求。
(3)内在要求：以公众为中心的构建理念。

（二）建立健全公共体育服务体系的实践导向

以人为本为公共体育服务体系的建立健全提供了理论导向，在具体构建实践中，应坚持以下导向。

(1)公平公正的价值取向。
(2)注重效率，将公平与效率的关系处理好。
(3)统筹兼顾，将体育系统与其他环境变量的关系处理好，将公共体育服务与其他相关公共服务的关系处理好。

## 二、加强公共体育服务体系的制度创新

在公共体育服务体系的构建与完善中，加强制度创新应从公共体育服务的供给内容与供给方式两方面着手。

（一）公共体育服务供给内容的制度创新

公共体育服务供给内容的制度创新主要是指形成全民健身、竞技体育、体育产业三位一体的服务内容体系。

(1)努力突破全民健身的瓶颈性障碍。
(2)对竞技体育的公共产品属性不断加以强化。
(3)促进体育产业的公共体育服务供给潜力的不断释放。

## （二）公共体育服务供给方式的制度创新

构建与完善公共体育服务体系的核心在于加强服务供给方式的创新，具体从以下几方面着手。

(1) 对公共体育服务的市场供给主体进行培育。

(2) 强化对体育社会组织的制度性吸纳。

(3) 鼓励公众力量参与体育治理。

## 三、构建与完善公共体育服务体系的基本策略

我国构建与完善公共体育服务体系，要以建设服务型政府为动力，具体需采取以下策略。

(1) 加强政府自身的更新能力。

(2) 加强制度创新的协同力度。

(3) 加强对民主决策制度的创新与完善。

## 四、我国公共体育服务体系的全方位建设

### （一）公共体育服务组织保障体系建设

#### 1. 我国体育组织简介

我国的体育组织有政府体育组织与非政府体育组织之分。其中政府体育组织包括国家体育总局组织、省体育局组织、市体育局组织等。国家体育总局、省市体育局是我国公共体育服务管理的主要行政部门，如图 5-2 所示。

市体育局下辖体育协会、团市委等是我国公共体育服务的政府非体育组织部门，如图 5-3 所示。

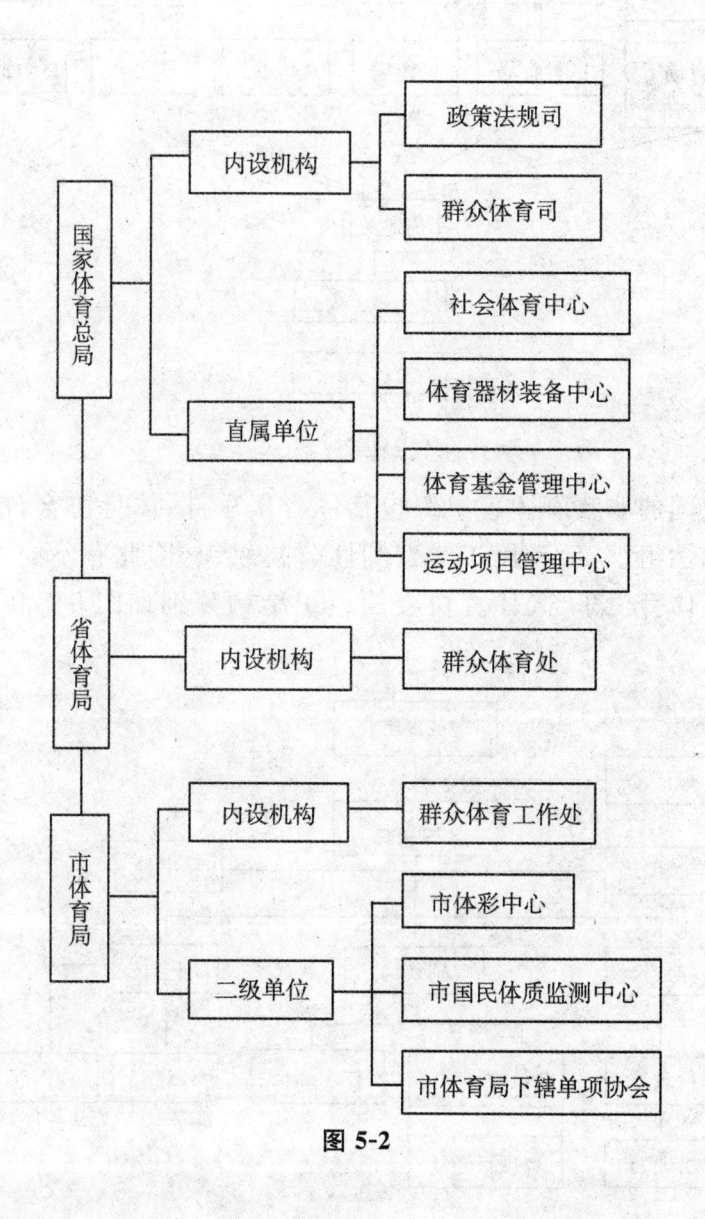

第五章 青少年体质健康的社会干预路径研究

```
国家体育总局 ─┬─ 内设机构 ─┬─ 政策法规司
              │            └─ 群众体育司
              └─ 直属单位 ─┬─ 社会体育中心
                           ├─ 体育器材装备中心
                           ├─ 体育基金管理中心
                           └─ 运动项目管理中心

省体育局 ─── 内设机构 ─── 群众体育处

市体育局 ─┬─ 内设机构 ─── 群众体育工作处
          └─ 二级单位 ─┬─ 市体彩中心
                       ├─ 市国民体质监测中心
                       └─ 市体育局下辖单项协会
```

图 5-2

图 5-3

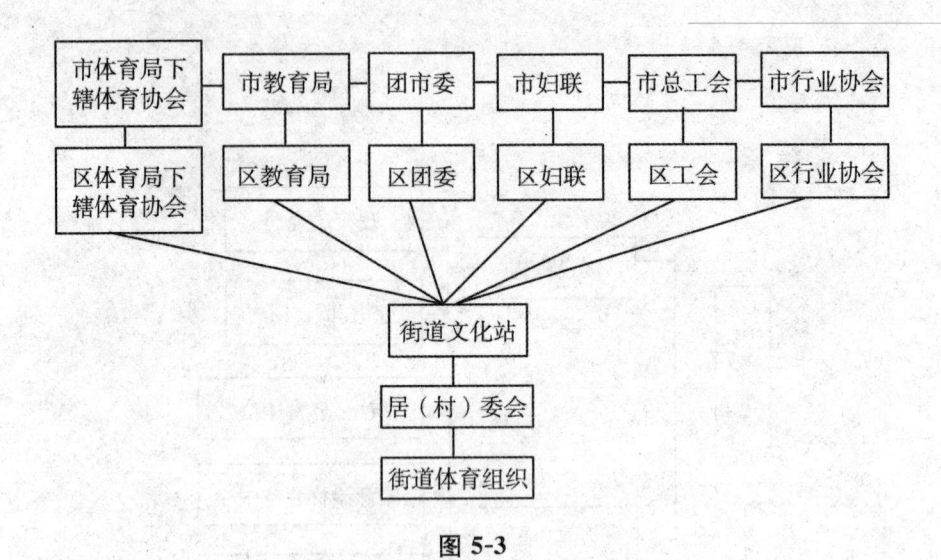

我国的非政府体育组织包括体育俱乐部、体育协会,前者属于营利性组织,后者属于非营利性公益组织,因此有不同的组织结构。体育俱乐部、体育协会的组织结构分别如图 5-4 和图 5-5 所示。

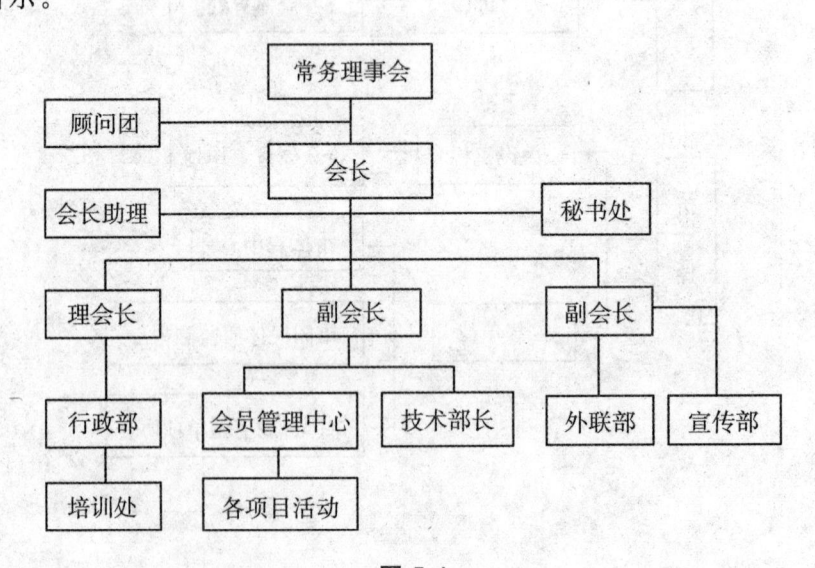

图 5-4

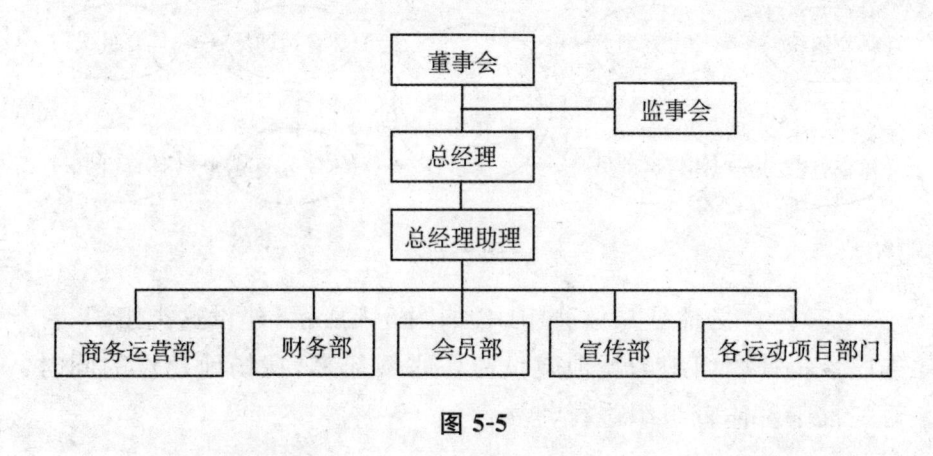

第五章 青少年体质健康的社会干预路径研究

图 5-5

除以上体育组织外，我国还有以下一些基层体育组织，这是建设公共体育服务组织体系的战略重点。

(1)母体组织拓展体育组织，如图 5-6 所示。建设这一组织，首先应该对一个支持型公益组织进行建立，然后对下线基层体育组织进行培育。

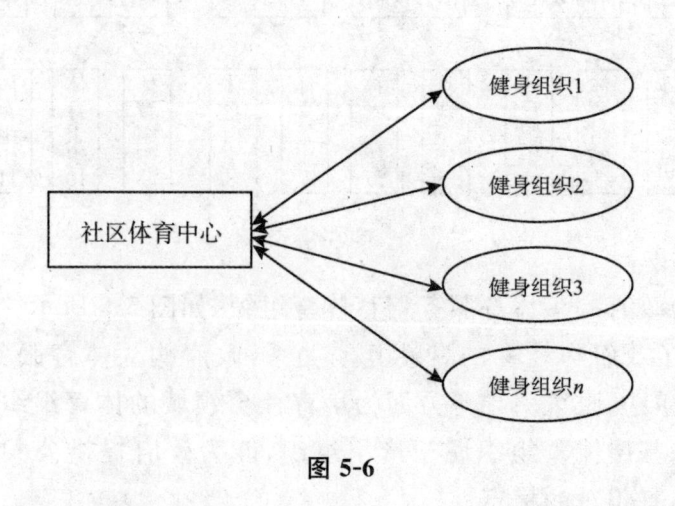

图 5-6

(2)体育精英建设体育组织，如图 5-7 所示。建设这一组织，首先应该对公益性社会体育工作人员进行培育，由此将一批社区体育积极分子带动起来，由这些积极分子来建设基层体育组织。

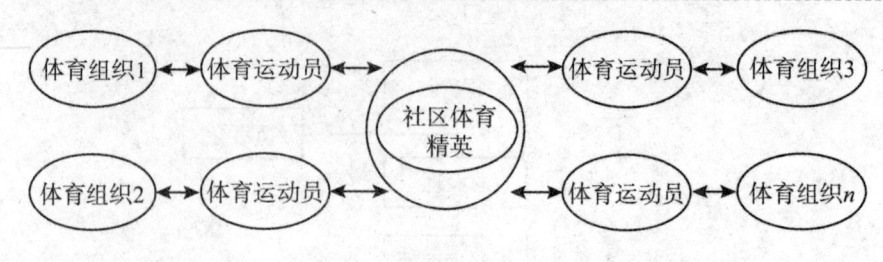

图 5-7

（3）体育场地挂靠体育组织，如图 5-8 所示，建设这类组织，首先应该将社团组织与场地建设密切联系起来，在场地建设的同时对一批基层体育组织进行建立。

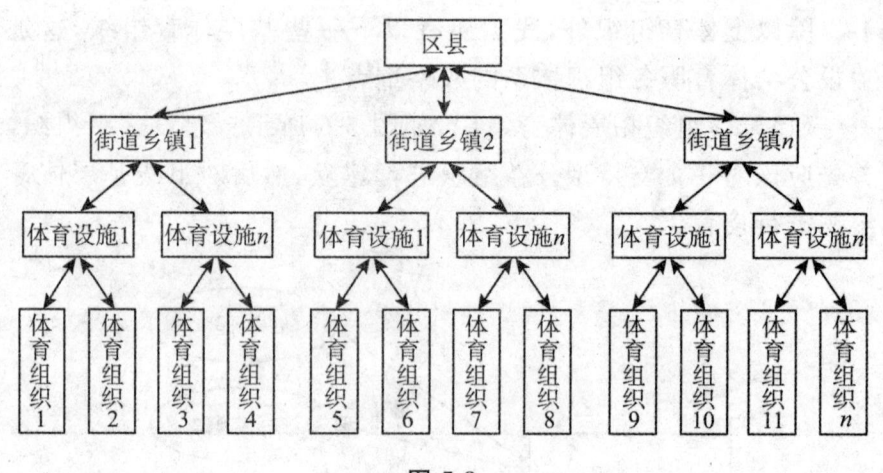

图 5-8

（4）政府购买体育服务培育体育组织，如图 5-9 所示。这类组织体现了政府与社会的良性互动关系，政府购买体育服务，然后从资源激励、政策引导等方面为培育社会领域的体育组织提供保障，这些基层体育组织属于产出组织，能为政府提供公共服务资源，且具有相对的稳定性。

2. 公共体育服务组织保障体系建设要点

（1）公共体育服务组织保障体系建设的价值诉求

首先，与我国群体体育整体发展需要相契合。

其次，体现公共体育服务体系建设诉求。

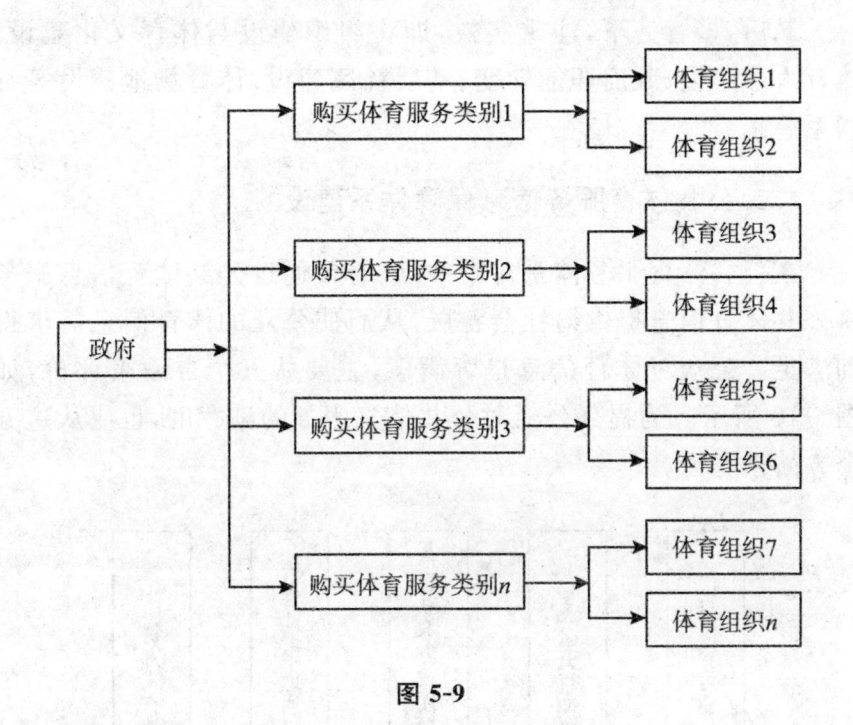

```
                          ┌──→ 体育组织1
        ┌──→ 购买体育服务类别1 ──┤
        │                 └──→ 体育组织2
        │
        │                 ┌──→ 体育组织3
        ├──→ 购买体育服务类别2 ──┤
        │                 └──→ 体育组织4
政府 ────┤
        │                 ┌──→ 体育组织5
        ├──→ 购买体育服务类别3 ──┤
        │                 └──→ 体育组织6
        │
        │                 ┌──→ 体育组织7
        └──→ 购买体育服务类别n ──┤
                          └──→ 体育组织n
```

图 5-9

再次，反映公共体育组织服务现实问题。

最后，满足群体健身参与基本组织要求。

（2）公共体育服务组织保障体系建设的战略思考

首先，从理念上将公共体育服务体系建设的重点弄清楚，抓住力点，将工作重点放在基层社区体育组织的建设上，对群众身边的组织加以重视。

其次，分门别类，注重互补，先对组织进行分类，采取不同的治理策略，使不同类型的组织都能发挥自己的功能与优势，并通过功能互补使不同社会阶层的不同体育需求都能得到满足。

再次，盘活存量，提升增量，前者是指要将现有的基层组织充分利用起来，促进其进一步发展，使其服务功能得到更好的发挥，从而节约成本和时间，迅速供给体育组织服务。后者是指投入一定的体育资源来建立新组织，而对群众迫切需求的组织服务要优先考虑。

最后，多管齐下，注重实效，即将组织建设与体育文化建设、体育人才建设、政府职能转变、基层社区建设、体育场地建设等都联系起来。

(二)公共体育服务信息保障体系建设

在公共体育服务体系建设中，政府要通过公共体育信息服务将公共体育信息提供给社会各层，从而使公众的体育信息需求得到满足。公众对体育信息是否满意，主要从五个方面来评价，如图5-10所示。为提高公众对公共信息服务的满意度，也应从这五个方面来努力。

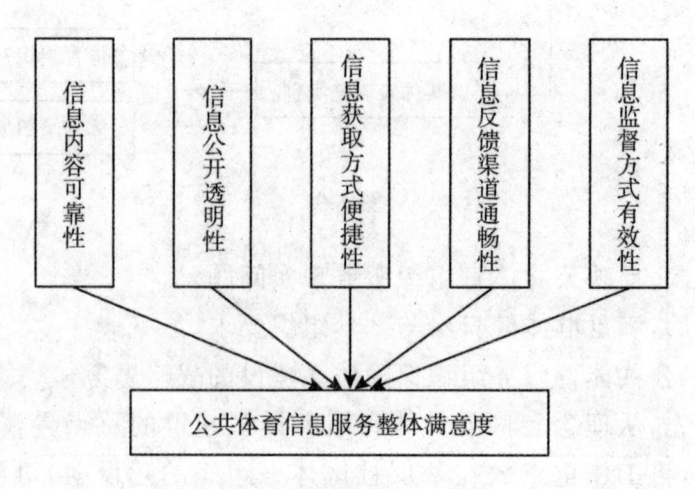

图 5-10

建设与完善公共体育服务信息保障体系是一项系统工程，其包含宏观、中观和微观三个层面，如图5-11所示。

图5-11也反映了我国建设公共体育服务信息保障体系的基本模式。基于该模式构建的公共体育服务信息保障体系应包含七个要素，分别是信息资源建设、信息组织机构保障、信息技术保障、信息经费保障、信息人力资源保障、信息法律政策保障以及信息工作协调管理，如图5-12所示。

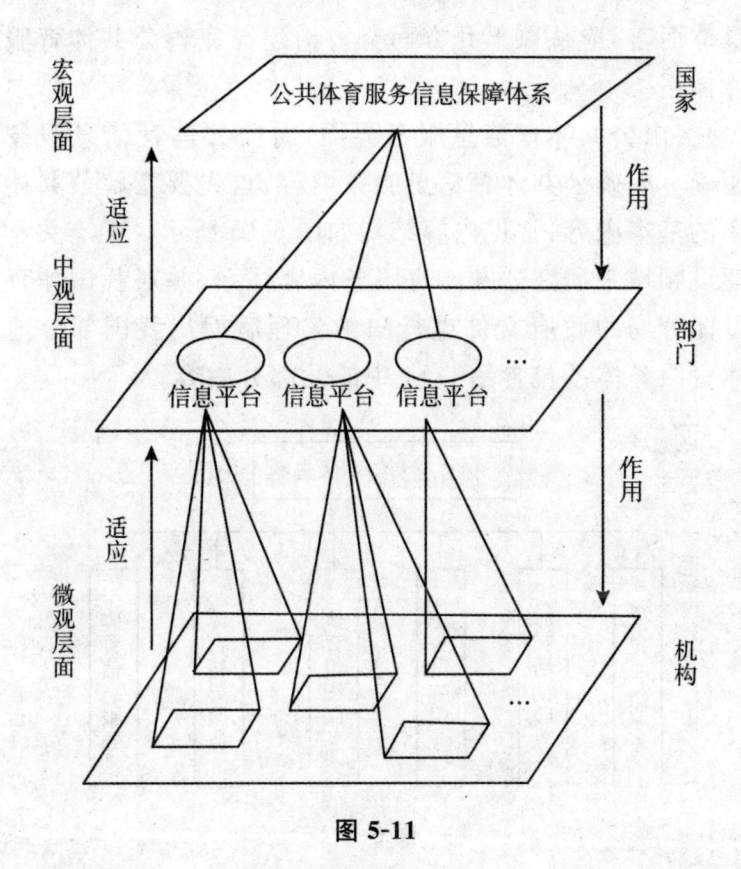

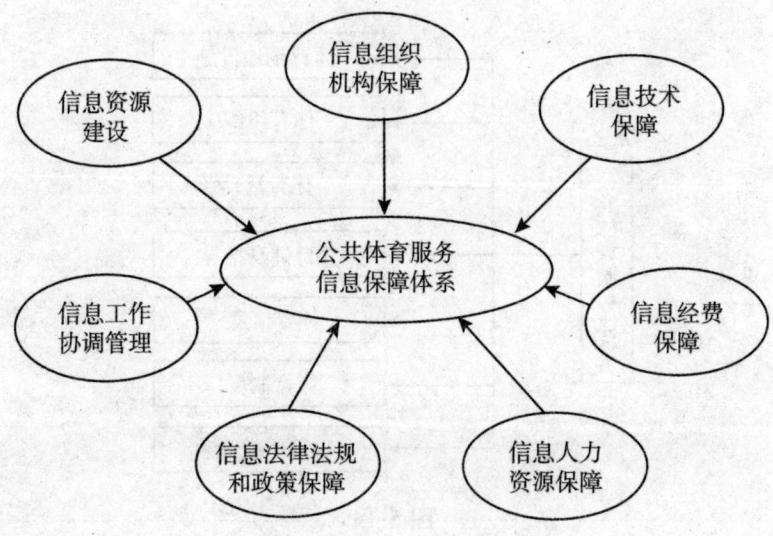

第五章 青少年体质健康的社会干预路径研究

图 5-11

图 5-12

具体而言，应从以下几方面努力构建与完善公共体育服务信息保障体系。

（1）突出公共体育信息服务界面，对公共体育信息服务内容加以明确。明确公共体育信息服务内容，首先要了解公共体育服务体系的基本内容，常见内容结构如图 5-13 所示。但有关学者从实践建设领域来研究公共体育服务内容体系，并对我国体育总局及地方体育局的政府文件进行归纳整理后得出我国部分地区的公共体育服务体系包含图 5-14 中的几部分内容。

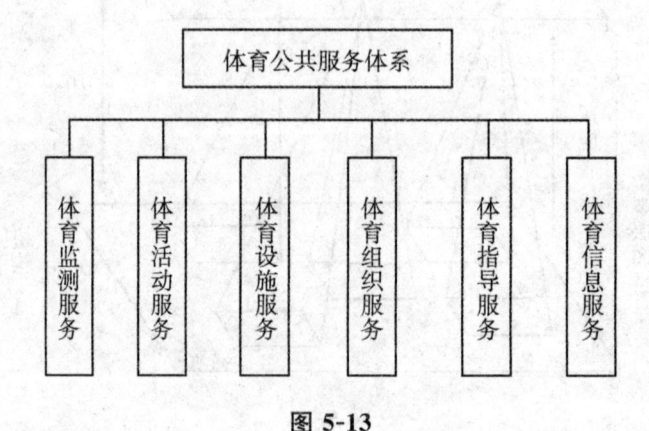

图 5-13

体育公共服务体系
- 体育监测服务
- 体育活动服务
- 体育设施服务
- 体育组织服务
- 体育指导服务
- 体育信息服务

图 5-14

公共体育服务体系
- 体育场地设施
- 体育组织
- 体育活动
- 体育健身指导
- 体育信息
- 体育制度
- 国民体质监测

了解公共体育服务体系的内容能为我们明晰公共体育信息服务内容提供指导,有关学者经过对有关体育行政部门的调查与访谈后提出,我国公共体育信息服务体系应包含图5-15中的几项内容。

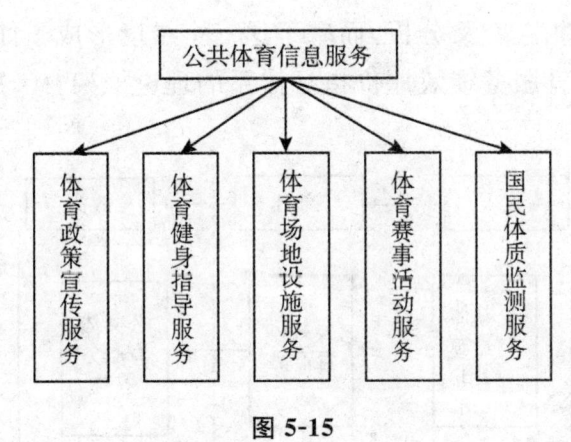

```
                    公共体育信息服务
        ┌──────┬──────┼──────┬──────┐
     体育   体育    体育    体育    国民
     政策   健身    场地    赛事    体质
     宣传   指导    设施    活动    监测
     服务   服务    服务    服务    服务
```

**图 5-15**

(2)对公共体育服务信息平台进行开发,加强国家级公共体育服务保障机构的健全与完善。

(3)对优秀的公共体育信息服务工作团队进行组建与培养,该团队必须要有高超的业务能力,能负责、高效地完成工作。

(4)大力建设信息保障的法律法规与政策,并进行标准化、规范化管理。

(5)从公共体育服务信息需求的实际情况出发对资金投入配比进行合理分配,协调各级信息保障机构与组织的实际利益。

(三)公共体育服务评价体系建设

公共体育服务评价主要是指绩效评价,侧重于政府管理部门的公共体育服务供给的内部评价,设计评价指标时要将公共体育服务的过程及结果同步重视起来,不能忽略社会公众这一公共体育服务接受群体对服务的满意度,应避免以单一的视角进行评价,从而通过评价将社会公众的满意情况客观、准确地反映出来。

构建公共体育服务绩效评价指标体系,需遵循价值性原则、科学性原则、全面性原则、操作性原则、层次性原则、定量与定性相结合原则等一般原则,此外还应遵循以服务为导向、灵活权变原则等特殊原则。

公共体育服务绩效评价是一个系统复杂的工程,从不同角度看包含不同的内容,一般从主体角度、内容角度及评价视角三个维度来进行相互交叉分析,而基于这三个维度形成了如图5-16所示的公共体育服务绩效评价指标体系的理论框架。

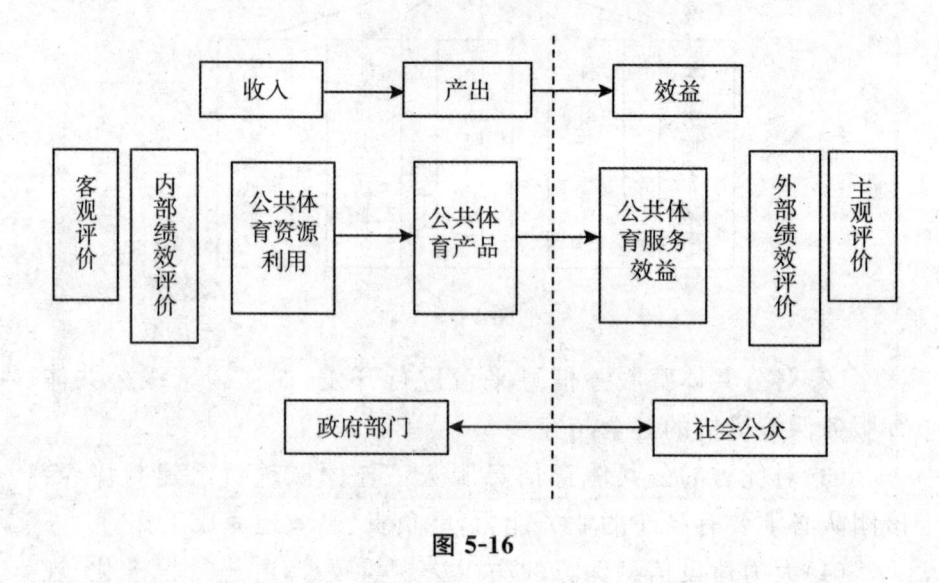

**图 5-16**

绩效评价的标准有内部标准与外部标准,前者是指经济与效率,主要用客观评价方法,后者是指效益,主要用主观评价方法。

确立我国公共体育服务绩效评价的指标体系,首先应该对指标体系的结构模型进行组建,一般采用层次分析法,如图5-17所示。其次应筛选指标并进行优化,一般采用经验确定法来筛选指标。

采用经验确定法筛选指标时,要先以指标体系的构建原则、理论模型等为依据,借鉴现有相关指标体系的经验来对一个经验性的预选指标集进行确定,然后向有关专家征求意见,筛选不同专家的意见,并进行实践证明。[①] 运用该方法确立公共体育服务绩效评价指标体系的具体步骤如图5-18所示。

---

① 戴健,等. 公共体育服务体系建设[M]. 上海:上海交通大学出版社,2015.

第五章 青少年体质健康的社会干预路径研究

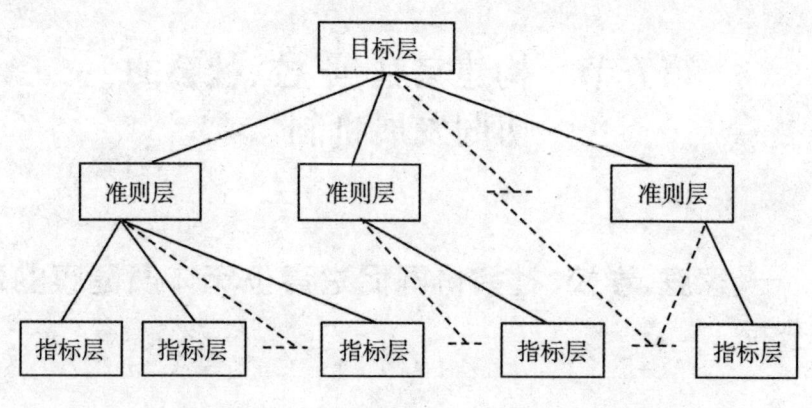

图 5-17

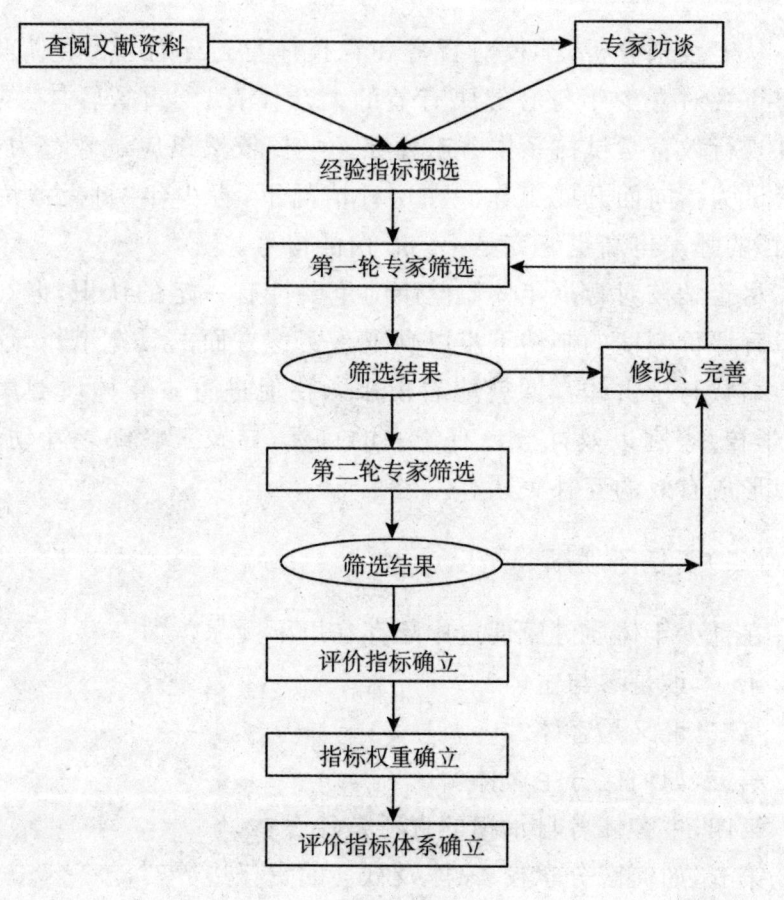

图 5-18

## 第五节　构建家庭、学校、社会的协同发展机制

### 一、家庭、学校、社会协同促进青少年体质健康的现状分析

（一）目标不统一

从实践来分析，学校对智育和竞技体育过于注重，相对来说不够重视对青少年身心健康有益的大众体育。"重智轻体"的问题在现行教育考试体系中普遍存在。学校依然以应试教育为主，以考试为指向而开展工作。在这种情况下，青少年"每天锻炼一小时"的呼声再高也终究是一句苍白的口号。

尽管学校对青少年体质健康的重要性有一定的认识，但在传统教育评价制度的制约下难以真正落实这方面的具体工作，这从随意缩减与挤占体育课就能看出来。在促进青少年体质健康方面，学校、家庭以及社会没有统一的目标，导致三者缺乏互动，也难以形成有效的互补关系。

（二）责任不明晰

在青少年体质健康促进中还存在以下疑虑。

第一，谁是参与主体？

第二，谁又是客体？

第三，如何区分主客体？

第四，主客体各自承担的责任是什么？

第五，如何区分学校、家庭及社会的责任边界？

不弄清楚上述问题，将难以促进青少年体质健康。在青少年体质健康方面，家庭、学校和社会扮演共同的角色——促进者，但

在健康促进过程中,三者的责任不是特别明确,缺乏系统的组织来引导三者有序开展健康促进工作,因此具体促进工作并未取得明显的效果,青少年的体质健康问题依然无法从根本上解决。

### (三)体系建构不全

当前,我国社会、家庭及学校在推动青少年体质健康发展中是相对独立的,基本上是单独行事,很少有合作成分。例如,社区不知道学校针对青少年体质健康开展了哪些工作,也不清楚学校体育工作存在哪些缺陷,因此也不知道如何协助或帮助,它们之间缺乏及时有效的沟通。

现阶段,在我国青少年体质健康促进中还未建立起包含学校、家庭以及社会等促进者在内的完整体系建构,健康促进工作缺乏组织性、针对性,最终导致效率较低、效果较差。

## 二、家庭、学校、社会协同促进青少年体质健康中问题产生的原因

### (一)观念不一致

学校受应试教育思想的影响,不重视体育课程的设置与实施,而过分重视文化课程的教学;很多家长认为学校应该负起督促青少年体育锻炼的主要责任;社区对青少年体育锻炼的需求没有过多考虑等,这些导致三者之间的互动效应难以发挥出来。

### (二)机制不健全

我国在青少年体质健康促进方面还未建立起家庭、学校和社会相互协同的机制,机制的缺失及不健全制约了三者之间的互动与配合,也限制了三者积极促进作用的发挥。

### (三)衔接不到位

学校、家庭及社会的衔接不到位主要体现在以下几方面。

(1)家庭与社会的衔接不到位,缺乏相应的配合机制。
(2)学校管理部门与社会体育管理部门缺乏沟通。
(3)父母引导孩子体育锻炼与体育教师培养学生体质的衔接不到位。

## 三、家庭、学校、社会协同促进青少年体质健康中问题造成的影响

### (一)宏观影响

在青少年体质健康促进过程中,家庭、学校和社会无法有效协同,导致青少年体质下降的现实与趋势无法得到明显的扭转。长期下去,我国人才储备的质量、国民体质健康、和谐社会构建、甚至国防安全等都会受到一定的影响。

### (二)微观影响

在青少年体质健康促进过程中,家庭、学校和社会没有相互协同,从而对青少年体育锻炼的时间造成了不良影响。三者之间的了解和互动不足,没有协调配合、优势互补,没有发挥合力作用,导致相关消息不畅通,致使青少年体育锻炼进入盲区,影响了真正的体育锻炼效果。

## 四、家庭、学校、社会协同促进青少年体质健康的对策建议

### (一)转变观念,重视青少年体质健康

1. 家长转变观念

家长要减轻学生的学习压力,让学生利用放学后的时间进行锻炼,家长要给孩子树立榜样,积极参与体育活动,使孩子感受到

体育锻炼的乐趣,形成良好的锻炼习惯。

2. 学校领导转变思想

(1)学校领导要重视学生体质健康,禁止强行取消或挤占体育课,落实体育课的实施。

(2)体育老师要提高自身培养学生健康体质的责任意识,提高自身的专业素养,发挥主导作用。

(3)学校开展丰富的课外体育活动,通过课堂体育教学与课外体育活动来全面促进青少年体质健康。

(4)学校要主动与家长、社区取得联系,针对学生的健康问题进行交流,赢得支持与帮助。

3. 社会提高责任感

(1)营造良好的社会体育锻炼氛围,使青少年耳濡目染,积极参加体育锻炼。

(2)为青少年体育锻炼提供良好的条件、平台,使青少年有更多的机会参与体育运动。

(3)有关部门、社区应积极与学校、家长联系,从各个方面提供必要的帮助与支持。

(二)构建相关组织机构,创造良好的条件

1. 大力建设三方协同促进健康的组织机构

建立组织机构,使三方在促进青少年体质健康中的相关工作更协调,使三方共享青少年体质健康相关信息,或交流自己的心得。组织机构采取有效措施使三方密切沟通,加强合作,共同开展活动来促进青少年体质健康。

2. 明确三方的角色定位和职责

加强对相关政策法规的完善与落实,保障三方都自觉承担与履行自己的责任,开展相应的工作。《关于加强青少年体育增强青少年体质的意见》这一文件具有很强的指导性与实效性,应积极落实。

促进相关组织建设、体系建设和制度建设的不断完善,构建三方互动平台,共同为青少年体质健康而努力。

3. 设计制度,保障组织机构更好地开展工作

在青少年体质健康促进中,相关组织机构的建设问题应由国家体育总局和教育部共同商定,要给予组织机构各方面资源的支持,赋予相应的权限,并加强监督指导。

(三)完善相关机制,保障青少年体质健康

1. 发挥学校体育的作用,实现课内外一体化发展

对于学校体育管理制度要进一步完善,体育老师要充分发挥自己的作用,上好体育课。学校要开展课外体育活动,使学生的体育锻炼时间、机会都有所增加,使"每天锻炼一小时"从口号变成真正的实际行动。

2. 构建学校、社区的沟通机制,实现信息资源共享

在周末或节假日,社区可以与学校相互配合一起对有利于促进青少年体质健康的体育活动进行组织,同时也要争取家长的支持与配合。有些家长自身缺乏运动,经验不足,因此可以适当地给学生报他们感兴趣的运动培训机构。学校、社会、家庭必须做到统一、连贯,构建长效机制来促进青少年体质健康。

3. 构建三位一体的青少年体质健康促进模式

在青少年体育锻炼指导中构建与完善三位一体的导向机制、三位一体的激励机制以及三位一体的评价机制,构建系统的青少年体质健康促进机制,这套机制中应包含具体的决策机制、激励

机制、保障机制、管理机制、监督机制以及评价机制。

构建三方协同模式,发挥三方各自的重要作用,使青少年从中建立和谐的人际关系,感受和谐的氛围。

### (四)加强协调、互动,发挥合力的作用

1. 社会和学校的对接

(1)充分发挥社会在青少年体质健康方面的积极促进作用,社会向学生单位提供帮助,使学校的体育工作顺利开展与实施。

(2)社区与学校联合组织丰富多彩的体育活动,同时实现资源共享。

2. 学校与家长的衔接

学校开展的体育活动力求形式多样、丰富多彩,让青少年有更多的选择与锻炼机会。对于体育公开课,学校应定期开设,让家长充分了解子女的体育锻炼情况,并理解、支持与配合学校的相关工作。

3. 发挥三者的合力

首先,学校主动联系家长、社区负责人,并对社区体育活动和家庭体育活动给予指导。

其次,家长要鼓励孩子参加学校、社区的体育活动,多多配合。

最后,社区开展体育活动,拓展学校课外体育活动的范围。

学校、家庭和社会共同承担促进青少年体质健康的责任,实行信息互通,朝着共同的目标而努力,这样青少年体质现状必然会得到有效的改善。

# 第六章　青少年体质健康的运动干预理论

体育能促进人的健康,这已是众所周知的不争的事实。青少年体育锻炼不仅关乎青少年自身的健康,更与"健康中国""体育强国"等国家战略的实施效果密切相关。因此必须注重通过体育锻炼手段来增强青少年的体质,促进青少年健康成长,为国家未来的健康持续发展奠定基础。本章主要就青少年体质健康的运动干预理论展开研究,包括体育运动锻炼与青少年体质健康、青少年体育锻炼现状分析、青少年体育锻炼的运动处方指导以及青少年体育锻炼的安全防范与急救。

## 第一节　体育运动锻炼与青少年体质健康

### 一、合理体育锻炼对青少年体质健康的影响

(一)增进身体健康

青少年经常参与体育运动锻炼能使自身的肌肉、呼吸系统功能、心血管系统功能得到改善,使神经系统的调节能力、内分泌和免疫系统的调适能力得到明显提高,促进亚健康状况的改善,从而使自身的身体形态结构(体型、体格、身体成分)、生理机能(新陈代谢水平、各器官系统的机能)、运动能力(运动素质)等都处于并保持完好的状态。

运动锻炼能使青少年精力充沛,提高其学习效率。人体运动的生物学规律表明,任何科学合理的体育活动都能带来全身各器官、各组织的积极变化,身体各部分在神经系统的指挥下相互协调,参与运动,从而得到锻炼。

合理的体育运动锻炼能使青少年全身从整体到系统器官,再到细胞分子都得到协调锻炼,从而全面提高其身体机能。从这一点来看,体育促进人的生物体从低级功能向高级的横向协调和纵向服务转变。体育锻炼中,一定的运动负荷刺激人体,使接受刺激的部分产生积极的健康效应,并影响到其他部分,获得全面协调的发展。体育锻炼的价值不仅仅在于对某一局部的改善,更在于人们通过主动运动而获得的各层次功能之间关系的协调与完善。

(二)促进心理健康

现代青少年心理健康教育中,预防心理异常、促进与维护心理健康是一项非常重要的内容。合理的体育锻炼对青少年良好心理素质(情绪积极、意志顽强、抗刺激与抗干扰能力较强)的形成与发展具有重要意义。合理的体育运动锻炼能使青少年学生的紧张、焦虑及抑郁等不良情绪得以减轻或消除,能促进其坚韧性、自觉性、竞争性的增强,促进其自控能力的提高,使其不断产生超越自我和他人的决心。这些心理素质对于青少年乐观性格、坚强意志和强大自信心的形成具有重要意义。青少年只有保持积极乐观的情绪,保持健康快乐,充满生机活力,才更有追求幸福与成功的动力。

(三)积极的生活方式

根据现代人的健康情况与疾病发生趋势,世界卫生组织有关专家明确指出导致现代人发生疾病与死亡的主要原因中,缺乏运动所占的比例非常大,缺乏运动是当今包括青少年群体在内的所有现代人最不合理的一种生活方式。缺乏足够的体力活动严重危害着人体健康,全球因此而失去生命的人在不断增加。

在青少年体质健康促进中,需要青少年自身、家庭、社区、学校等社会各界共同努力,促进青少年健康生活方式的形成。青少年在日常学习与生活中保持健康行为,改掉不利于健康的行为习惯,这样才能形成健康的生活方式。而在这一方面,体育运动锻炼发挥着重要作用。

促进体质健康的诸多行为中,体育锻炼以其独特的价值和魅力受到家长、学校及青少年自身的关注与重视,在青少年健康生活方式的培养中,这项内容不可或缺。如果青少年的生活中缺乏运动,则其生活方式就是不健康的。青少年应将积极参加体育运动锻炼,坚持终身体育锻炼,享受健康人生作为一个毕生追求的目标,并为之不断努力。

## 二、运动缺乏对青少年体质健康的影响

医学研究表明,冠心病、高血压、脑卒中、肥胖、高脂血症等慢性病(慢性非传染疾病)与现代人不健康的生活方式密切相关,运动缺乏成为造成这些慢性病的一级危险因素。久坐不动、机体缺乏运动应激刺激,很少运动或不运动都属于运动缺乏。运动缺乏具体表现为每周运动次数少于3次,每次锻炼时间少于10分钟,运动时心率在110次/分钟以下,运动强度比较低等。运动缺乏对青少年体质健康有严重的危害。

青少年如果长期不参与运动锻炼,其新陈代谢机能就会明显降低,各种肌肉关节疾病就会随之产生,心肺机能水平也会因此而下降,从而引发一系列不良身体反应。此外,坐骨神经痛、痔疮等疾病产生的最终祸根也是久坐不动、缺乏活动。青少年长期不锻炼,机体抵抗力也会慢慢下降,患病概率就会大大增加。

## 第二节 青少年体育锻炼现状分析

为了了解青少年参与体育锻炼活动的情况,郭艳花等在中小学随机发放 900 份"青少年体育锻炼现状调查问卷",最后回收的问卷中,有 800 份是有效的,其中男、女生分别有 437 人、363 人。下面分析问卷调查的结果与相关问题。

### 一、青少年参与体育运动锻炼的现状

(一)运动项目与运动场所

1. 运动项目

从表 6-1 的调查结果来看,在运动锻炼项目的选择上,选择跑步的最多,占 36.0%,羽毛球排第二,占 17.0%,篮球排第三,占 14.0%,乒乓球排第四,占 13.3%,之后分别是跳绳、毽球、足球与网球。选择网球的最少,仅有 0.1%。

2. 运动场所

青少年选择参与什么体育锻炼项目,与运动场所的地点、数量有直接的关系。跑步项目对场地没有太严格的要求,限制因素少,便于开展,所以选择这一项目的青少年学生最多。而中小学由于经济条件的限制,非常缺乏网球场地,这就限制了青少年学生对这一运动项目的参与,导致选择该锻炼方式的学生仅有 0.1%。

从青少年学生参与体育锻炼的场所来看,在学校锻炼的居多,社区、家庭也占有一定的比例。相对来说,学校的体育场地、运动器材比较齐全,而且有很好的运动氛围,所以学生的课余体

育锻炼多在学校进行。家庭体育发展滞后、社区公共体育服务体系不完善等导致学生很少参加家庭与社区的体育活动。

表 6-1 青少年参与体育运动锻炼的内容、场所情况（$n=800$）[①]

| 运动项目 | 比例 | 运动场所 | 数量 |
| --- | --- | --- | --- |
| 跑步 | 36.0% | 学校 社区 | 充足 |
| 羽毛球 | 17.0% | 学校 | 4 块 |
| 篮球 | 14.0% | 学校 社区 | 6 块 |
| 乒乓球 | 13.3% | 学校 | 8 块 |
| 跳绳 | 8.2% | 学校 家庭 社区 | 充足 |
| 毽球 | 6.0% | 学校 家庭 社区 | 充足 |
| 足球 | 5.4% | 学校 | 1 块 |
| 网球 | 0.1% | 市区体育场 | 4 块 |

（二）锻炼动机

从表 6-2 的调查结果来看，青少年参与体育运动锻炼的动机存在一定的性别差异，男生的动机从高到低排序为娱乐休闲、锻炼身体、缓解学习压力、学习运动技能及交友，而女生的动机从高到低排序为锻炼身体、缓解学习压力、娱乐、学习运动技能和交友。其中在缓解学习压力这一动机的选择上，性别差异最大，娱

---

[①] 郭艳花，等．青少年体育锻炼瓶颈问题及其对策研究[J]．湖北体育科技，2017，36(10)：922-924，935．

乐动机排其次,这反映了青少年学生的心理认知差异。

在体育锻炼中,人们的行为意向、行为习惯及情感体验等都与性别角色有关,本研究也体现了这一点,在青少年参与体育运动锻炼的动机中,性别的影响非常显著。

表 6-2 不同性别青少年参与体育运动锻炼的动机($n=800$)[①]

| 动机 | 男生 | 女生 |
| --- | --- | --- |
| 锻炼身体,增强体质 | 22.0% | 30.0% |
| 学习掌握运动技能 | 13.0% | 10.0% |
| 娱乐休闲 | 38.0% | 27.0% |
| 缓解学习压力 | 15.0% | 28.0% |
| 交朋友 | 12.0% | 5.0% |

此外,从表 6-3 中能看出家庭居住地对青少年体育锻炼动机的影响。在农村居住的学生参与体育锻炼以缓解学习压力和锻炼身体为主,目的单一、集中;相对来说,居住在城市的学生参加体育锻炼有比较多元化的目的,并以学习体育技能为主,缓解学习压力、锻炼身体、交友、娱乐休闲等动机依次排在其后。这也是农村与城市的青少年学生对体育锻炼有不同认知的体现。居住在城市的青少年相对而言更容易接触各种各样的体育活动,享受着丰富的体育资源,所以对体育形成了较为全面的认知,参与动机也更加多元。事实上,家庭居住地、家庭收入、家庭文化层次等家庭资本本身就会在一定程度上影响青少年的体育锻炼意识和行为。

---

① 郭艳花,等.青少年体育锻炼瓶颈问题及其对策研究[J].湖北体育科技,2017,36(10):927-924,935.

表 6-3  不同居住地青少年参与体育运动锻炼的动机($n=800$)[1]

| 动机 | 城市 | 农村 |
| --- | --- | --- |
| 锻炼身体,增强体质 | 20.0% | 30.0% |
| 学习掌握运动技能 | 32.0% | 8.0% |
| 娱乐休闲 | 8.0% | 15.0% |
| 缓解学习压力 | 26.0% | 40.0% |
| 交朋友 | 14.0% | 7.0% |

## 二、青少年参与体育运动锻炼的影响因素

调查发现,制约与影响青少年参与体育运动锻炼的因素有很多,其中课业负担的影响最大,占30%,其次是占20%的学校体育政策,再次是占18%的青少年自身运动兴趣与技能,之后场地、指导缺失、家庭条件、父母影响等制约因素分别占10%、10%、7%和5%。

从调查结果来看,课业负担、学校体育政策是影响与制约青少年学生参与体育运动锻炼的重要因素。在应试教育的影响下,青少年学生的升学负担较重,面临较大的课业压力,再加上学校体育政策不完善、不落实、不到位,导致部分学生的体育锻炼时间被无情剥夺与占有。

学生对体育运动是否感兴趣,是否有一定的运动基础等,也会影响其对体育锻炼活动的参与。

此外,场地对青少年来说是其参与体育锻炼活动必不可少的一个重要因素,部分学校、社区因缺乏体育设施而对学生参与体育锻炼活动造成了严重的制约。

学生参与体育锻炼的意识与行为也直接受家庭教育观、体育观、经济条件、文化层次等因素的影响。

---

[1] 郭艳花,等. 青少年体育锻炼瓶颈问题及其对策研究[J]. 湖北体育科技,2017,36(10):922-924,935.

## 三、青少年体育锻炼的问题与瓶颈

通过调查和分析,可将当前青少年在参与体育运动锻炼中面临的问题与瓶颈总结为以下几点。

### (一)学校体育的地位受应试教育的影响而得不到重视

青少年的成长与国家的未来息息相关,国家昌盛与民族富强离不开青少年在未来的奉献与贡献,而这又是以其健康的体质为基础的。近年来出现了一些青少年学生在运动中猝死的安全事件,一些学校因此便"从根本上解决问题",取消有一定危险性的体育教学内容,甚至长跑项目也不再出现在学校运动会上。部分学校领导为了表面的形象与光彩,彰显自己的政绩,在学生体质测试中虚报测试数据与结果,实则与学生真正的体质健康情况大有差异。尽管这些不良行为与做法只存在于个别学校,但我们要透过现象看本质,要从中看到根本的实质性的问题,即体育在学校中的地位没有真正得到重视。在"健康中国"建设中,学校是一个非常重要的支点与领域,因此必须重新确立体育在学校中的地位,认识到体育的重要性,通过开展学校体育而真正为学生体质健康服务。

### (二)学校体育话语权缺失

学校体育话语权缺失主要表现为在学校体育的操作与发展过程中,诸多因素对其造成了干扰。例如,在基层操作中,文化课占用体育课时间,在学生体质测试中,"放水"现象严重,且体育在学生综合评价体系中所占比重少。

以上问题严重影响了学校体育的正常运行与实施,也因此制约了青少年学生的体育锻炼,给青少年的体质健康带来了不良影响。

### (三)体育资源分布不均衡,人均体育场地不足

青少年体育锻炼不足,与体育资源的缺失尤其是体育场地的不足等有很大的关系。这里的体育场地设施不足不仅是指学校的体育场地资源,还指社区的体育场地资源,因为社区也是学生体育锻炼的重要场所,而设施的缺乏对此造成了困扰,这也影响了社区体育和家庭体育的发展。

### (四)青少年体育公共服务的缺失

青少年参与课外体育锻炼的过程中,体育基础设施是必不可少的载体,但因为现阶段我国中西部中小城市在城市规划、城市布局上存在显著的差异,导致一些地区因经济条件限制而无法建立与完善满足群众需求的体育公共服务体系。青少年体育锻炼因公共体育服务的缺失而受到了严重的阻碍。

另一方面,我国体育制度还不够完善,社会上缺少具有公益性质的体育培训机构,青少年课外体育锻炼无人指导、无人监督管理,这也是我国体育公共服务缺失的表现。

### (五)家长教育观念的影响

家庭因素也会在一定程度上影响青少年参加体育锻炼活动,其中家长教育观念的影响最为明显,虽然现在支持学生参加体育活动的家长越来越多,但如果遇到重要的考试,家长还是希望孩子把精力放在文化课的学习上。可见家长对体育运动的育人价值还没有清楚地认识到。

## 四、促进青少年积极参与体育锻炼的对策与建议

第一,学校树立"健康第一"的体育教育理念,将体育课的健康教育价值重视起来,保证每周的体育课按时上 4 节,不得无故占领体育课时间进行其他教学活动。对课程表进行合理安排,从

青少年学生身心等特点出发在体育课堂教学中真正将健康教育科学、合理地融入其中。此外,促进校园体育活动体系的丰富和完善,加强对体育活动内容、载体和方法等方面的创新,使体育活动更有趣,更有吸引力。定期开展"校园体育运动会",发挥该活动的示范引领作用,将各方资源整合起来对系列体育品牌活动进行创造与设计。

第二,学校采取各种宣传教育的方式向学生普及科学体育健身知识和健身方法,提高青少年参与体育健身的意识,培养其良好的体育锻炼习惯。保证全体学生每周都能参与3次以上中等强度的体育活动,使每个学生都能掌握一定的体育运动技能,并将其运用到生活中去。

第三,政府要加大购买公共服务力度,在青少年体育锻炼领域大力实施供给和调节,全面建设公共体育场地设施,将户外球场、体育馆、健身房、游泳馆等资源充分利用起来开展体育活动,为青少年参与体育锻炼提供便利。

第四,发挥家庭、社区的作用。一方面拓展渠道,广泛筹集资金,建立多元协同机制来保障青少年的体育锻炼,拓宽路径使社会资源在青少年体育锻炼领域得到充分的运用,引导社会各界力量的共同支持;另一方面,在青少年体育锻炼过程中加强监督、检查和指导,多开展群体性体育活动,培养青少年学生的合作与竞争意识。

## 第三节 青少年体育锻炼的运动处方指导

### 一、增长肌肉力量的运动处方指导

运动目的:促进青少年学生健康生长发育,使其肌肉力量、身体柔韧性得到改善,体质得到增强。

运动强度:心率110~140次/分钟。
运动时间:半小时左右。
运动频度:每周2~3次。
运动注意:

(1)在身体处于良好状态的情况下完成力量练习,从实际出发,逐渐增加锻炼时间、强度。

(2)准备活动要充分,如果出现肌肉酸痛或其他身体不适现象,立刻停止。

### (一)小学生增长肌肉力量的运动方法

**1. 一、二年级学生的运动步骤**

(1)完成2分钟慢跑,伸展上肢、躯干,交替压腿,适当活动手腕、脚腕及踝关节。

(2)做4~5组斜撑推墙,每组20~30次,两组之间有30秒休息时间。

(3)放松1分钟,做前后摆动或抖动两臂的放松活动。

(4)完成5组兔跳,每组30次,两组之间有30秒休息时间。

(5)完成4~6组椅上转体,每组10~15次,两组之间有30秒休息时间。具体方法:在椅子前部坐立,并拢两腿。1拍:尽量向左转上体,目视左侧椅背,右侧手将椅背的左侧沿握住,稍停片刻;2拍:换另一个方向按同样的方法转体。

(6)放松1分钟,做抖腿放松活动。

(7)完成4组伸手摸高跳,每组10次,两组之间有30秒休息时间。

(8)休息5分钟左右(积极性休息)。

**2. 三、四年级学生的运动步骤**

(1)完成2分钟慢跑,伸展上肢、躯干,交替压腿,适当活动手腕、脚腕及踝关节。

(2)做 10 次脚力练习。运动方法:2 名学生一组,面对面站立,双脚并拢,双手交握保持一臂长的距离,使对方身体无法保持平衡,任一名学生脚离地则失败。

(3)放松 1 分钟,做前后摆动或抖动两臂的放松活动。

(4)完成 4～5 组仰卧直举腿,每组 15～20 次,两组之间有 30 秒的休息时间。

(5)放松 1 分钟,利用这段时间双手在腹部揉搓,拍打。

(6)完成 5 组弓箭步走,每组 30 米。两组之间有 1 分钟的休息时间。

(7)完成 4 组跳起一腿高抬的练习,每组 20 次,两组之间有 30 秒的休息时间。动作方法:屈膝深蹲,向上起跳,其中一侧腿尽可能高抬使其触胸,落地还原,交替重复练习。

(8)休息 5 分钟左右(积极性休息)。

3. 五、六年级学生的运动步骤

(1)男生

①完成 2 分钟慢跑,伸展上肢、躯干,交替压腿,适当活动手腕、脚腕及踝关节。

②做 4～6 组推小车练习,每组 10～15 米,两组之间有 30 秒的休息时间。

③放松 1 分钟,做前后摆动或抖动两臂的放松活动。

④完成 4～6 组坐姿收腹举腿练习,每组 20～30 次,两组之间有 30 秒的休息时间。动作方法:在凳子上坐立,上体稍后倾,双手置于把手上,轻扶即可,腹部肌肉收缩发力将双腿抬起,使下肢尽可能靠近上体。

⑤做 3 组跨步跳练习,每组 50 米,两组之间有 30 秒的休息时间。

⑥休息 5 分钟左右(积极性休息)。

(2)女生

①完成 2 分钟慢跑,伸展上肢、躯干,交替压腿,适当活动手腕、脚腕及踝关节。

②做 4～6 组双人推掌练习,每组 30 次,两组之间有 30 秒的休息时间。

③放松 1 分钟,做前后摆动或抖动两臂的放松活动。

④做 4～6 组跪撑转体练习,每组 10～15 次。动作方法:在垫子上跪立,保持俯卧撑准备姿势,左臂支撑身体,右臂向侧上方举起,同时上体转向右后方,还原;然后右臂支撑身体,左臂上摆,转体,还原,两侧交替进行。

⑤放松 1 分钟,利用这段时间双手在腹部揉搓,拍打。

⑥做距离为 30 米的弓箭步蹲起走练习(前后弓箭步准备姿势,蹲起后向前行走)。

⑦做 4 组提踵练习,每组 20 次,每次持续 5 秒,两组之间有 30 秒的休息时间。

⑧休息 5 分钟左右(积极性休息)。

(二)初中生增长肌肉力量的运动方法

1. 初中男生的运动步骤

(1)完成 2 分钟慢跑,伸展上肢、躯干,交替压腿,适当活动手腕、脚腕及踝关节。

(2)做 4～6 组推小车练习,每组距离 10～15 米,两组之间有 30 秒的休息时间。

(3)放松 1 分钟,做前后摆动或抖动两臂的放松活动。

(4)完成 10～15 次仰卧挺髋练习。动作方法:仰卧在垫子上,屈膝分腿(稍宽于肩),小腿与地面垂直,两臂在体侧伸直,头、肩与地面接触,臀向上挺,保持该姿势 5～8 秒,逐渐还原。

(5)放松 1 分钟,利用这段时间双手在腰腹部拍打。

(6)做 3 组单腿屈伸练习,每组 30 次,两组之间有 30 秒的休息时间。动作方法:一腿支撑身体,一腿放在凳子上尽可能蹬直,身体保持直立,坚持片刻,还原。

(7)做 2 组跨步跳练习,每组 50 米距离,两组之间有 30 秒的休息时间。

(8)休息5分钟左右(积极性休息)。

2. 初中女生的运动步骤

(1)完成2分钟慢跑,伸展上肢、躯干,交替压腿,适当活动手腕、脚腕及踝关节。

(2)做4~6组持哑铃直臂扩胸练习,每组20~30次,两组之间有30秒的休息时间。动作方法:手持哑铃于胸前平举,两臂向左右两侧伸展,扩胸。

(3)放松1分钟,做前后摆动或抖动两臂的放松活动。

(4)完成5组仰卧收腹控腿练习,每组5~10次,两组之间有30秒的休息时间。动作方法:仰卧在垫子上,两腿伸直并拢,收缩腹部肌肉并发力向上举腿,大腿与身体之间的夹角大约为150°,保持5~10秒,慢慢还原。

(5)放松1分钟,利用这段时间双手在腰腹部拍打。

(6)完成4~6组弓箭步蹲接向上跳练习,每组15次,两组之间有30秒的休息时间。动作方法:两腿一前一后开立,前、后脚分别用全脚掌、前脚掌着地,两手在身体后相交,身体直立,通过两腿屈伸来提升或降低重心,两腿同时用力起跳。

(7)休息5分钟左右(积极性休息)。

(三)高中生增长肌肉力量的运动方法

1. 高中男生的运动步骤

(1)完成2分钟慢跑,伸展上肢、躯干,交替压腿,适当活动手腕、脚腕及踝关节。

(2)做4组持哑铃侧平举练习,每组15~20次,两组之间有30秒的休息时间。

(3)放松1分钟,做前后摆动或抖动两臂的放松活动。

(4)做4~6组负重转体练习,每组20~30次,两组之间有30

秒的休息时间。动作方法:两脚开立与肩同宽,手握哑铃,身体向一侧缓慢转动,转体要充分,两侧交替进行。

(5)放松,时间为1分钟左右。

(6)做4组跨步跳80米＋肋木快速举腿10次的练习,两组之间有1分钟的休息时间。

(7)做4组深蹲起练习,每组30次,两组之间有30秒的休息时间。

(8)休息5分钟左右(积极性休息)。

2. 高中女生的运动步骤

(1)完成2分钟慢跑,伸展上肢、躯干,交替压腿,适当活动手腕、脚腕及踝关节。

(2)做4～6组俯撑离地跳练习,每组15～20次,两组之间有30秒的休息时间。

(3)放松,时间为1分钟左右。

(4)做4组半蹲跳练习,每组20次,两组之间有30秒的休息时间。

(5)做3组提臀练习,每组12次,两组之间有30秒的休息时间。动作方法:两脚并立,臀肌收缩,同时脚跟上提,坚持5秒,还原,重复进行。

(6)做3组连续6级蛙跳练习,两组之间有30秒的休息时间。

(7)休息5分钟左右(积极性休息)。

## 二、提高速度的运动处方指导

运动目的:提高青少年的速度素质及身体的灵敏性。

运动强度:心率140～170次/分钟。

运动时间:半小时左右。

运动频度:每周2～3次。

## 第六章 青少年体质健康的运动干预理论

运动注意：

(1)在身体处于良好状态的情况下进行速度练习，依自身实际情况而锻炼。

(2)准备活动要充分，防止发生意外，间歇时间内要做放松练习，不要静止不动。

(3)练习场地安全。

(4)鞋袜透气、舒适。

### (一)小学生提高速度的运动方法

1. 一、二年级学生的运动步骤

(1)完成5分钟的慢跑，直到身体微热，做2分钟的徒手操，使肩、膝、踝关节充分活动。

(2)做4组小步跑20米＋加速跑10米的练习，两组之间有1分钟的休息时间(积极休息)。

(3)做3组原地快速摆臂练习，每组持续15秒，两组之间间歇20秒，在间歇时做抖臂放松活动。

(4)做4～5组快速跑过15个障碍物(间距为0.4米)的练习，脚不要碰到障碍物。两组之间有1分钟的休息时间(积极休息)。

(5)做3组双足轻跳的练习，每组15次。

(6)休息5分钟(积极性休息)。

2. 三、四年级学生的运动步骤

(1)进行5分钟慢跑，直到身体微热，做2分钟的徒手操，使肩、膝、踝关节充分活动。

(2)做4组距离为30米的蹲踞式冲刺跑练习，两组之间有1分钟的休息时间。

(3)做3组双脚交换跳绳练习，每组持续15秒，两组之间有1分钟的休息时间。

(4)做4组距离为30米的行进间交换腿向上跳练习,两组之间有1分钟的休息时间。

(5)做2组距离为200~300米的追球跑练习,两组之间有2分钟的休息时间。动作方法:踢球或抛球,然后跑动追球,追上后再踢或抛出。注意对出球方向及其移动路线的控制,以直线运动为主。

(6)放松3分钟。

3. 五、六年级学生的运动步骤

(1)男生

①进行5分钟慢跑,直到身体微热,做2分钟的徒手操,使肩、膝、踝关节充分活动。

②做4组距离为50米的下坡跑练习(坡度8°~10°),两组之间有1分钟的休息时间。

③做4组三级蛙跳练习,两组之间有2分钟的休息时间。

④做2组肋木举腿练习,每组3~5次,两组之间有1分钟的休息时间。

⑤做2组快速高抬腿跑30米+加速跑20米的练习,两组之间有2分钟的休息时间。

⑥做3组纵跳练习,每组10次,两组之间有30秒休息时间。

⑦5分钟放松活动。

(2)女生

①进行6分钟慢跑,直到身体微热,做3分钟的徒手操,使肩、膝、踝关节充分活动。

②做4组距离为30米的蹲踞式加速跑练习,两组之间有1分钟的休息时间。

③做4组三级蛙跳练习,两组之间有3分钟的休息时间。

④做2组弓箭步走练习,每组30次,两组之间有1分钟的休息时间。

⑤做4组快节奏跑练习,两组之间有30秒的休息时间。动

作方法:倒放 20 个空可乐瓶(间隔 60 厘米),跨过瓶子障碍快跑,不要碰到瓶子。

⑥做 2 组足尖向上跳练习,每组 30 次。

⑦5 分钟放松活动。

(二)初中生提高速度的运动方法

1. 男生的运动步骤

(1)做 5 分钟慢跑+1 分钟压腿、踢腿的热身活动。

(2)做 2 组距离为 50 米的足尖走练习。

(3)做 2 组距离为 300 米的变速跑练习,50 米快跑和 50 米慢跑交替进行,两组之间有 2 分钟的休息时间。

(4)做 3 组 30 米跨步跳+50 米车轮跑练习,两组之间有 30 秒的休息时间。

(5)5 分钟放松活动。

2. 女生的运动步骤

(1)进行 6 分钟慢跑,直到身体微热,做 3 分钟的徒手操,使肩、膝、踝关节充分活动。

(2)做 2 组距离为 30 米的小步跑练习,两组之间有 1 分钟的休息时间。

(3)做 3 组 30 米车轮跑+30 米后蹬跑练习,两组之间有 1 分钟的休息时间。

(4)做 4 组距离为 20 米的单足跳练习,两组之间有 1 分钟的休息时间。

(5)做 10 次急行跳远。

(6)做 3 组 60 米的冲刺跑练习,两组之间有 2 分钟的休息时间。

(7)5 分钟放松活动。

### (三)高中生提高速度的运动方法

1. 男生的运动步骤

(1)进行 5 分钟慢跑,直到身体微热,做 2 分钟的徒手操,使肩、膝、踝关节充分活动。

(2)做 4 组距离为 100 米的加速跑练习,两组之间有 2 分钟的休息时间。

(3)做 3 组连续跳障碍练习(5 个橡皮筋障碍,高 40~60 厘米,连续跳过,不要触碰障碍),每组 5 次。

(4)做 4 组运球往返跑练习(篮球场上),每组 4 次,两组之间有 2 分钟的休息时间。

(5)做 2 组追球跑练习,距离 400 米,两组之间有 1 分钟的休息时间。

(6)5 分钟放松活动,主要是拍打全身。

2. 女生的运动步骤

(1)完成 10 分钟的垫球(排球)练习。

(2)做 4 组距离为 30 米的车轮跑练习,两组之间有 2 分钟的休息时间。

(3)做 3 组运球往返跑练习(篮球场上),每组 4 次,两组之间有 2 分钟的休息时间。

(4)做 3 组弓箭步交换腿向上跳练习,每组 20 次,两组之间有 1 分钟的休息时间。

(5)做 3 组距离为 60 米的反复冲刺跑练习,两组之间有 1 分钟的休息时间。

(6)5 分钟放松活动。

## 三、有氧运动处方指导

运动目的:促进青少年心肺功能的改善。

运动强度:心率 120~160 次/分。

运动时间:约 0.75 小时。

运动频度:每周 3～4 次。

运动注意:

(1)运动场地安全。

(2)准备活动要充分,尤其要重视膝、踝关节的准备活动,组间间歇时做放松练习(拉伸韧带、肌肉)。

(3)量力而行,出现不适症状应停止运动。

(4)衣服、鞋袜要舒适。

(一)小学生有氧运动方法

1. 一、二年级学生的运动步骤

(1)完成 5 分钟大步走练习。

(2)完成 20 次行进间前后左右踢腿的练习。

(3)完成 2 组 100 米小步跑+200 米快走+300 米慢跑的练习,两组之间有 2 分钟的休息时间。

(4)做 3 组后蹬跑练习,距离 200 米,两组之间有 2 分钟的休息时间。

(5)3 分钟放松活动。

2. 三、四年级学生的运动步骤

(1)先完成 4 分钟的大步走,再做 3 分钟的快走练习。

(2)做 2 组 100 米快走+200 米慢跑+100 米小步跑的练习,两组之间有 2 分钟的休息时间。

(3)做 3 组 150 米大步走+10 次双人推掌+150 次交换腿跳的练习,两组之间有 2 分钟的休息时间。

(4)放松活动 3 分钟。

3. 五、六年级学生的运动步骤

(1)男生

①先完成 3 分钟的大步走,再完成 3 分钟的慢跑练习。

②做 2 组 100 米跨步小跳+10 次侧踢腿+400 米大步跑的

练习,两组之间有3分钟的休息时间。

③做3组100米侧向转髋跑+10次立卧撑+100米后蹬腿跑的练习,两组之间有2分钟的休息时间。

④做3分钟的放松活动。

(2)女生

①先完成2分钟的大步走练习,再完成2分钟的慢跑练习。

②做3组50米侧向滑步+20次推墙+10次半蹲起的练习,两组之间有2分钟的休息时间。

③做3组100米行进间交换腿跳步+100米垫步跑+200米慢跑的练习,两组之间有2分钟的休息时间。

④做3分钟的放松活动。

(二)初中生有氧运动方法

1. 男生的运动步骤

(1)先完成3分钟的大步走,再完成3分钟的慢跑练习。

(2)做3组100米跨步小跳+10次深蹲起+400米中速跑的练习,两组之间有2分钟的休息时间。

(3)做3组100米侧向转髋跑+10次半蹲起+100米前后滑步的练习,两组之间有2分钟的休息时间。

(4)做3分钟的放松活动。

2. 女生的运动步骤

(1)先完成3分钟的大步走,再完成3分钟的慢跑练习。

(2)做2组25米折返跑10次+20次扩胸运动的练习,两组之间有2分钟的休息时间。

(3)做3组100米前后滑步+100米侧向转髋跑的练习,两组之间有2分钟的休息时间。

(4)完成300米垫步跑练习。

(5)完成3分钟的放松活动。

## (三)高中生有氧运动方法

**1. 男生的运动步骤**

(1)先完成 4 分钟的慢跑练习,再进行 2 分钟的抻拉练习。

(2)2 000 米变速跑练习(200 米慢跑、200 米中速跑交替)。

(3)做 4 组 80 米脚背内侧运球+10 次弓箭步跳的练习,两组之间有 2 分钟的休息时间。

(4)做 3 组距离为 100 米的侧向转髋跑练习,两组之间有 2 分钟的休息时间。

(5)完成 4 分钟的放松活动。

**2. 女生的运动步骤**

(1)5 分钟徒手操热身练习。

(2)做 3 组 600 米慢跑+50 米行进间弓箭步走的练习,两组之间有 2 分钟的休息时间。

(3)做 3 组 200 米侧向滑步+200 米行进间交换腿跳步的练习,两组之间有 2 分钟的休息时间。

## 四、健美运动处方指导

表 6-4 所示的是每周练习 6 次的健美运动处方,青少年学生可视情况而锻炼。

表 6-4 健美运动处方

| 星期 | 主要内容 | 时间 | 负荷 |
| --- | --- | --- | --- |
| 周一 | 热身活动 |  |  |
|  | 背、胸、肩部 | 70 分钟 | 中 |
|  | 放松活动 | 轻松 |  |

续表

| 星期 | 主要内容 | 时间 | 负荷 |
| --- | --- | --- | --- |
| 周二 | 热身活动 | | |
| | 臂、腹、腿部 | 60分钟 | 小 |
| | 放松活动 | 轻松 | |
| 周三 | 热身活动 | | |
| | 背、胸、臂部 | 90分钟 | 大 |
| | 放松活动 | 轻松 | |
| 周四 | 热身活动 | | |
| | 臂、腹、腿部 | 60分钟 | 小 |
| | 放松活动 | 轻松 | |
| 周五 | 热身活动 | | |
| | 背、胸、臂部 | 90分钟 | 大 |
| | 放松活动 | 轻松 | |
| 周六 | 热身活动 | | |
| | 臂、腹、腿部 | 70分钟 | 中 |
| | 放松活动 | 轻松 | |

## 五、减肥运动处方指导

运动目的：帮助肥胖或超重的青少年减脂、减重。

运动强度：心率120～160次/分钟。

运动时间：1小时左右。

运动频度：每周5次。

运动注意：

(1)准备活动要做充分,尤其要注意脚踝关节的热身活动。

(2)运动场地安全,运动环境适宜。

(3)运动时间适宜。

(4)鞋袜、衣服舒适、透气。

(5)有身体不适症状,应停止运动。

## (一)小学生减肥的运动方法

**1. 一、二年级学生的运动步骤**

(1)先完成 4 分钟大步走练习,再接着完成 2 分钟快走练习。

(2)做 4 分钟的徒手操练习,充分伸展四肢。

(3)10 分钟趣味追逐跑练习。练习方法:两人一组前后背向站立,间隔 1 米,听到开始命令后,同时起跑,其中一人要快速转身追赶另一人,若在 200 米有效距离内追上,则被追赶者要做 10~20 次的原地交换腿跳练习。

(4)做 2 组斜撑推墙练习,每组 10 个,两组之间有 30 秒的休息时间。

(5)做 2 组深蹲起练习,每组 15 次,组间穿插 30 秒踢腿(小幅度)的放松练习。

(6)做 3 组仰卧收腹控腿练习,每组 6 次,两组之间有 30 秒的休息时间。练习方法:仰卧在垫子上,两腿伸直并拢,收缩腹部肌肉并发力向上举腿,大腿与身体之间的夹角大约为 150°,保持 5~10 秒,慢慢还原。做完拍打腹部,放松腹部肌肉。

(7)做拉伸的放松练习。

**2. 三、四年级学生的运动步骤**

(1)先完成 5 分钟大步走练习,再完成 2 分钟快步疾走练习。

(2)完成 3 分钟的慢节奏韵律操。

(3)完成 4 组跳绳练习,每组 40 次,两组之间有 1 分钟的休息时间。

(4)完成 1 组中速跑 200 米+慢跑 400 米的变速跑练习。

(5)完成 3 组 10 次弓箭步走+10 次双人推掌的练习,两组之间有 30 秒的休息时间。

(6)完成 3 组仰卧蹬车轮练习,每组 30 次,两组之间有 30 秒的休息时间。

(7)做 5 分钟放松练习。

3. 五、六年级学生的运动步骤

(1)男生
①完成5分钟慢跑热身练习。
②完成5分钟的徒手操练习。
③做3组200米匀速跑+100米侧身跑+100米后踢跑的练习。
④5分钟放松活动。
⑤做2组15个负重哑铃屈伸臂+25个深蹲的练习,两组之间有30秒的休息时间。
⑥做3组坐姿收腹高抬腿练习,每组15次,两组之间有30秒的休息时间。练习方法:在高台阶上坐立,两臂自然垂于两侧,收腹、屈双膝快速高抬腿尽可能让腿触胸,慢慢还原。
⑦做伸展肌肉的放松练习。

(2)女生
①完成5分钟慢跑热身练习。
②完成5分钟的韵律操练习。
③做3组200米中速跑+200米慢跑的练习。
④5分钟放松活动。
⑤做2组15个持哑铃侧平举+20米弓箭步走的练习,两组之间有30秒的休息时间。
⑥做2组仰卧左右转腰的练习,每组20次,两组之间有30秒的休息时间。练习方法:在垫上仰卧,两手放在身体左右侧的垫子上,并膝收小腿,上半身保持不动,两腿左右摆动,幅度尽量大。
⑦5分钟伸展肌肉的放松练习。

(二)初中生减肥的运动方法

1. 男生的运动步骤

(1)完成5分钟的徒手操热身练习。
(2)做3组200米慢跑+100米高抬腿跑+200米大步跑的

练习,两组之间有 1 分钟的休息时间。

(3)3 分钟放松活动。

(4)做 3 组 20 次持哑铃扩胸+60 米轻跨步跳的练习,两组之间有 30 秒的休息时间。

(5)做 3 组肋木举腿练习,每组 5~10 次左右,两组之间有 2 分钟的休息时间。

(6)10 分钟放松练习,双手拍打全身(从上至下)。

2. **女生的运动步骤**

(1)做 5 分钟的韵律操热身练习。

(2)做 3 组 200 米大步跑+100 米高抬腿跑+200 米后踢腿跑的练习,两组之间有 1 分钟的休息时间。

(3)做 3 组体侧运动,每组 20 次,两组之间有 30 秒的休息时间。练习方法:双脚并立,左脚向左跨一步,左手叉在腰间,右臂在身体右侧上举,然后向左屈振 1 次,还原,两个方向交替练习。

(4)做 2 组 30 个斜撑推墙+100 米后蹬跑的练习,两组之间有 30 秒的休息时间。

(5)做 3 组坐姿屈膝高抬腿练习,每组 20 次,两组之间有 30 秒的休息时间。

(6)5 分钟放松练习。

(三)高中生减肥的运动方法

1. **男生的运动步骤**

(1)5 分钟灵活性练习,主要活动各个关节。

(2)完成 1 600 米变速跑练习,200 米大步跑和 200 米慢跑交替。

(3)做 3 组肋木举腿练习,每组 10 次左右,两组之间有 2 分钟的休息时间。

(4)做3组100米行进间交换腿轻跳步+20米双人推小车的练习,两组之间有1分钟的休息时间。

(5)8分钟慢跑练习。

(6)5分钟放松练习,拍打全身。

2. 女生的运动步骤

(1)5分钟灵活性练习,主要活动各个关节。

(2)完成1 600米走跑交替练习,200米大步走和200米慢跑交替。

(3)做3组双手颈后伸举练习,每组20次,两组之间有30秒的休息时间。练习方法:双手交叉在颈后翻掌,尽可能向上伸举。

(4)做3组50米高抬腿跑+100米后蹬跑+250米大步跑的练习,两组之间有30秒的休息时间。

(5)做3组仰卧直举腿练习,每组20次,两组之间有1分钟的休息时间。

(6)做2组60次提踵+左右各20次侧踢腿的练习,两组之间有30秒的休息时间。

(7)6分钟慢跑练习。

(8)5分钟放松活动,拍打肌肉。

# 第四节 青少年体育锻炼的安全防范与急救

青少年在体育锻炼中难免会发生身体损伤,而提前了解相关安全防范知识与急救措施,能够避免损伤,或者在损伤发生后能采取正确的措施将伤害降到最低。对青少年体能与智能的培养都要求其掌握一定的安全知识与急救措施。

## 一、青少年体育锻炼的安全防范

### (一)个人卫生

青少年在体育锻炼中要特别注意个人卫生,具体应注意以下几个要点。

(1)生活有序,即作息制度合理,生活习惯规律。

(2)衣着卫生,即运动时身穿符合运动要求的服装。

(3)睡眠卫生,即每天的高质量睡眠时间保持在7~8小时之间。

(4)运动时心理状态良好。

(5)戒掉吸烟、酗酒等危害健康的不良习惯。

### (二)合理饮食

制定健康合理的饮食制度需对以下几个要点加以考虑。

(1)运动后至少要隔半小时才能进食,进食后至少要隔两小时才能做较为剧烈的运动,保证肠胃的消化能力。

(2)两餐间保持适宜的间隔时间,以4~5小时为宜。

(3)要合理分配每餐食物的热量比例,早餐、午餐及晚餐分别为25%~30%、40%、30%~35%。

(4)早餐中蛋白质和维生素要丰富。晚餐不能吃太多,对脂肪、蛋白质的摄取要有所控制,以免对睡眠造成影响。

(5)运动前一餐以"量少、热量高、易消化"为主,对糖、维生素的补充尤为重要。

(6)运动后一餐可以适当增加食物量。

### (三)运动环境的选择

运动环境对青少年体育锻炼的兴趣和积极程度有直接影响,对活动的心理效果作用明显。青少年所选的运动场所要舒适,有新鲜空气,环境无危害,这有助于提高锻炼的热情、兴趣和兴奋性,给心理带来积极影响。

### (四)运动时间的选择

进食后隔两小时再进行强度运动,隔一小时进行中度运动,隔半小时进行轻度运动。适宜的运动时间参考如下。

(1)早上:晨起至早餐前。

(2)上午:早餐后两小时至午餐前。

(3)下午:午餐后两小时至晚餐前。

(4)晚上:晚餐后两小时至睡前。

青少年可根据自己的实际情况和生活习惯选择适宜的时间段来锻炼。

### (五)自我医务监督

青少年在体育锻炼中观察与评定自己的生理机能和健康状况,这就是自我医务监督。

青少年在运动中感觉胸闷、胸痛、头晕、恶心、呼吸困难等时,应马上停止运动。

如果青少年在锻炼后感到头痛、恶心、胸部不适、睡眠质量差、食欲不振,第二天晨脉上升、自我感觉不良、有明显疲劳感等,表示上一次运动的负荷比较大,应适当调整运动负荷或暂时停止运动,待这些不适症状都消失后再锻炼。

## 二、青少年体育锻炼中运动损伤的急救方法

### (一)常见损伤的急救

#### 1. 外出血

若有明显的外出血,应立即用压迫止血法、止血带止血法及充填止血法等方法来止血。以压迫止血法为例,急救时对出血

## 第六章 青少年体质健康的运动干预理论

处的供血血管实施压迫。不同部位出血,压迫的血管也不同,如图 6-1 所示。

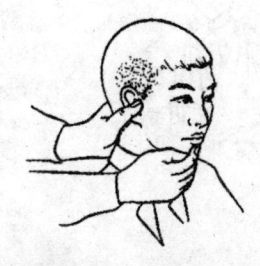

①头部出血:压迫颈动脉 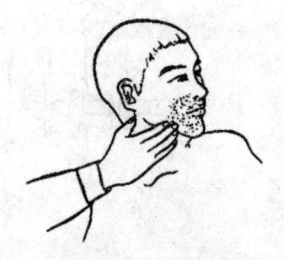　　②面部出血:压迫面动脉

③肘关节以下部位出血:压迫肱动脉 　　④颈动脉出血:压迫锁骨下动脉 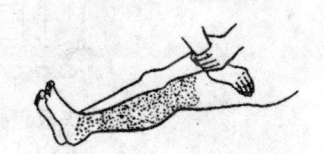　　⑤下肢出血:压迫股动脉

图 6-1

### 2. 骨折

发生骨折时,现场急救方法如下。

(1)以抢救生命为主,若患者休克,首先通过保温措施进行抗休克处理,并想办法迅速给患者输血。如果大血管出血,立即用止血带止血。

(2)如果骨折端已经戳出伤口,不要想着马上复位,以免使创口被感染,应先对骨折断端的污物进行清理,再复位。

(3)骨折急救处理中,骨折部位的临时固定非常重要,不同部位的固定如下。

前臂骨折的临时固定如图 6-2 所示。

肱骨中段骨折的临时固定方法如图 6-3 所示。

图 6-2

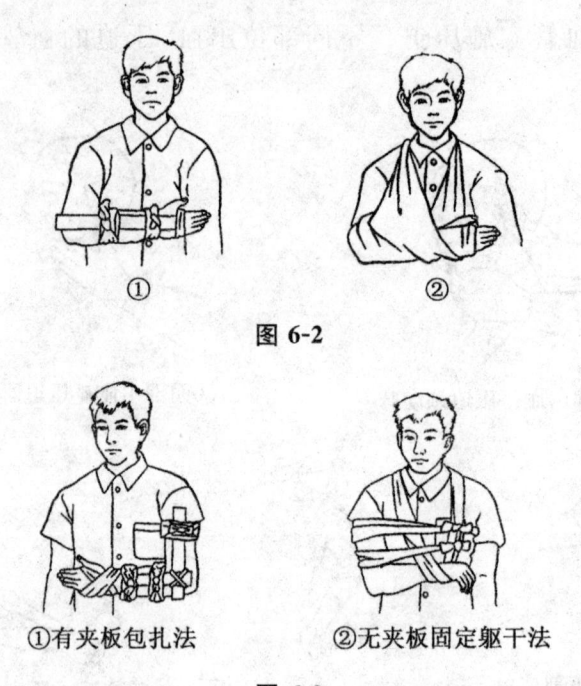

①有夹板包扎法　　　　②无夹板固定躯干法

图 6-3

小腿骨折的临时固定方法如图 6-4 所示。

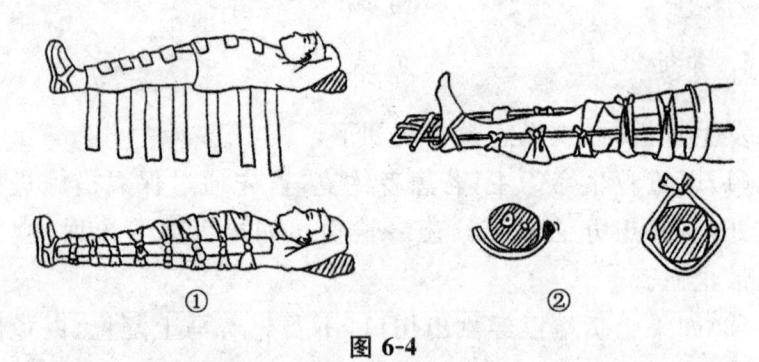

图 6-4

股骨骨折的临时固定方法如图 6-5 所示。

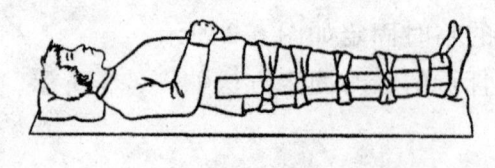

图 6-5

## 第六章 青少年体质健康的运动干预理论

3. 呼吸、心跳停止

呼吸、心脏骤停多出现在溺水、外伤性休克等严重外伤事故中,此时应及时抢救,否则随时会有生命危险。一般采用以下方法来进行应急抢救。

(1)人工呼吸

口对口人工呼吸法按如下步骤操作。

①让患者保持仰卧位,解开其领口、胸腹部位束缚的衣服、裤带,清除其口腔异物(图6-6①)。

②施救者一手掌尺侧放在患者前额,使患者头向后仰,用拇指和食指将患者鼻孔捏住,以免气体外溢。另一手放在患者下颌,向上托颈,使其气道通畅(图6-6②③)。

③施救者深吸气,张开嘴与伤者的嘴贴紧向其嘴里吹气(图6-6④)。

④一分钟吹16~18次左右,每次吹气量大约为800~1 200毫升。

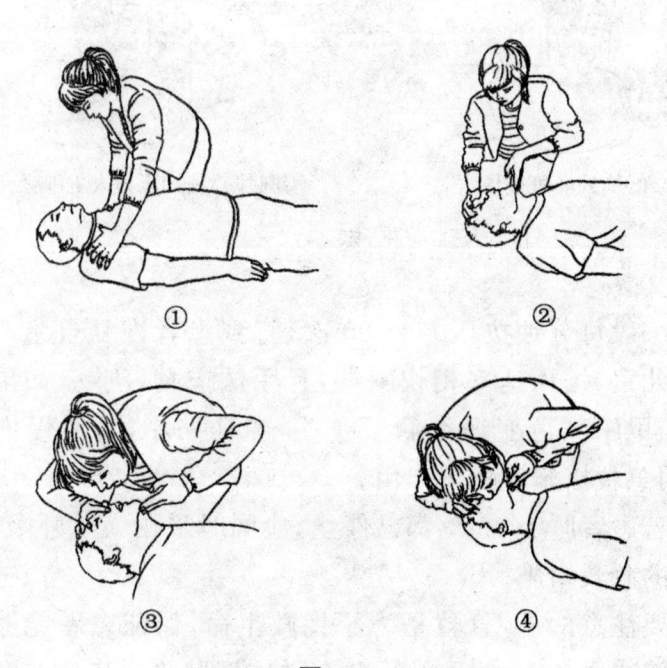

图6-6

(2)胸外心脏按压

胸外心脏按压方法的操作步骤如图6-7所示,具体分析如下。

①让患者保持仰卧位,施救者一手掌根放在患者胸骨的中下1/3交界处,另一手在手背上交叉重叠,上面手四指弯曲向下方手指根间隙插入,肘关节伸直,利用上半身重量和肩臂部力量有节奏地反复按压患者胸骨,垂直向下3~4厘米左右。

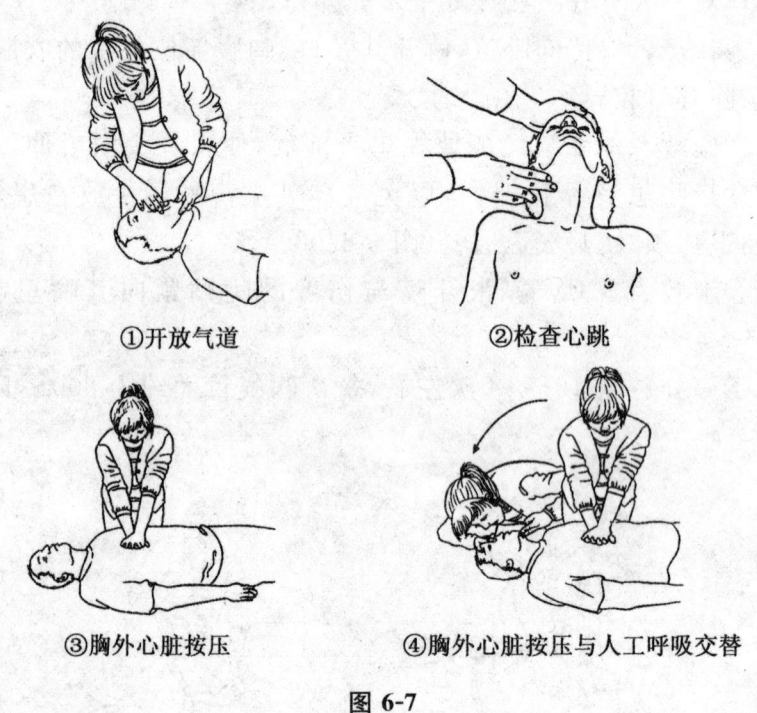

①开放气道　　　　　　　　②检查心跳

③胸外心脏按压　　　　　　④胸外心脏按压与人工呼吸交替

图 6-7

②一般每分钟按压60~80次,直到患者恢复自主心跳。若患者是儿童,按压速率稍快一些,且手法应稍轻些。如果发现患者口唇、甲床颜色变得红润了一些,瞳孔缩小,或慢慢恢复了呼吸,说明急救措施发挥了作用。

③若患者呼吸、心跳都已停止,应同时采用人工呼吸、胸外心脏按压的急救措施。

需要注意的是,急救是为了挽救生命,保证患者能够撑到被送往医院或医务人员赶来,因此在送往医院途中应实施急救或在

# 第六章 青少年体质健康的运动干预理论

急救的同时及时与医务人员取得联系。

(二)运动损伤发生后支持带的应用

若青少年发生急性运动损伤,且在治疗期间要进行适宜的恢复性锻炼,就需要使用具有保护作用的支持带,以防止二次受伤,并稳固关节。常用的支持带如下。

(1)腕关节支持带,如图 6-8 所示。

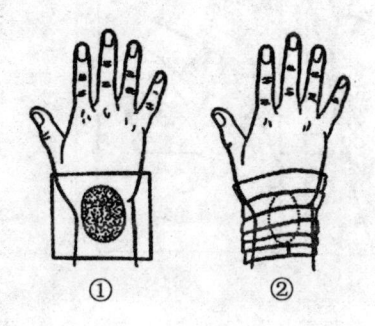

图 6-8

(2)肘关节支持带,如图 6-9 所示。

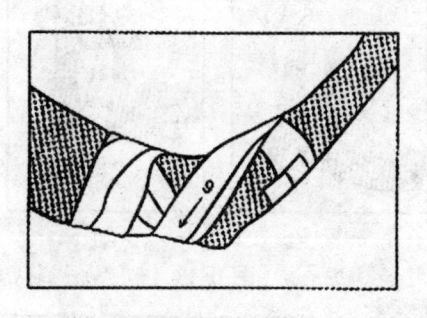

图 6-9

(3)膝关节支持带,如图 6-10 所示。

(4)踝关节支持带,如图 6-11 和图 6-12 所示,分别为限制内翻、限制外翻。

图 6-10

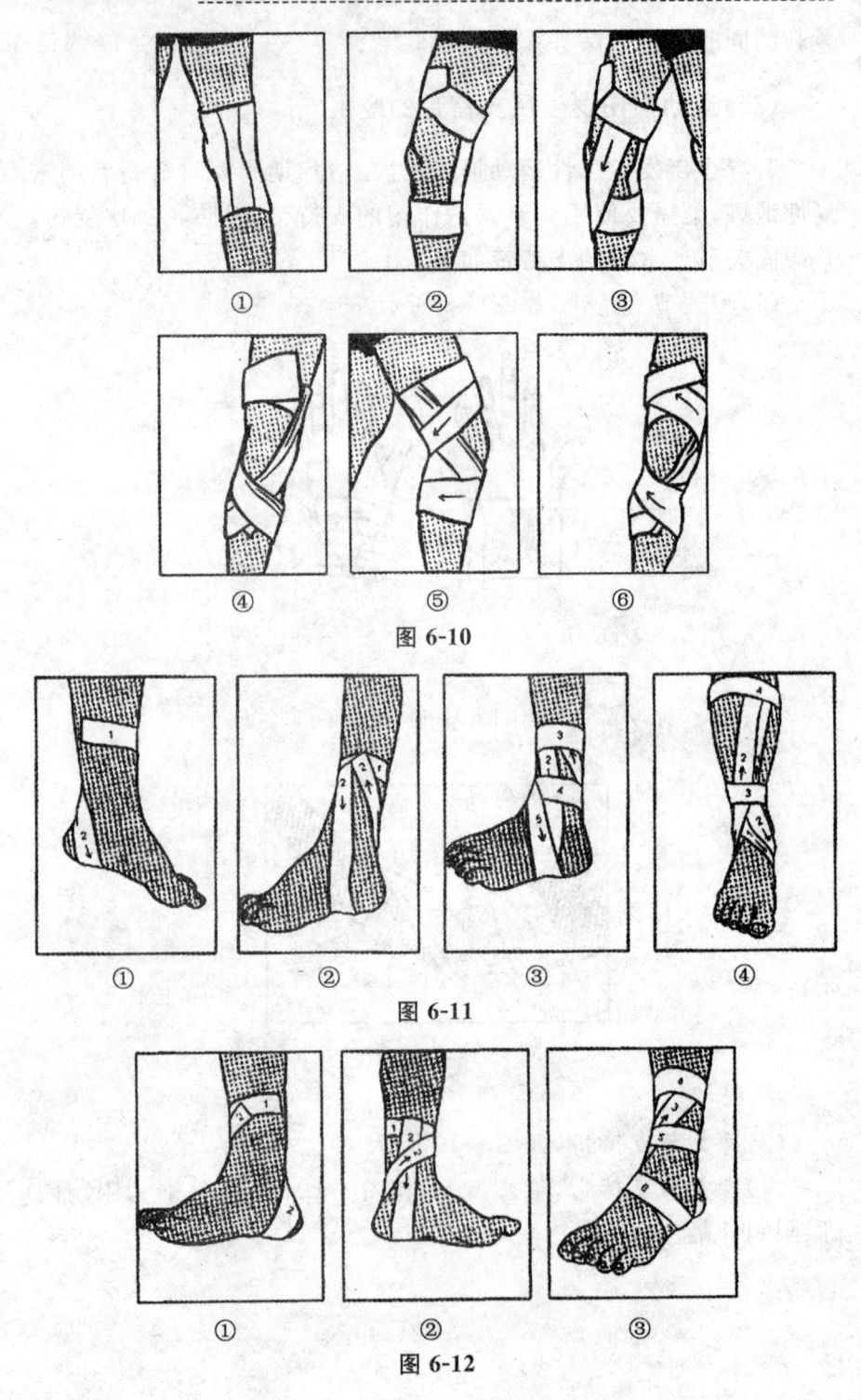

图 6-11

图 6-12

## 第六章 青少年体质健康的运动干预理论

(5)跟腱支持带,如图 6-13 所示。

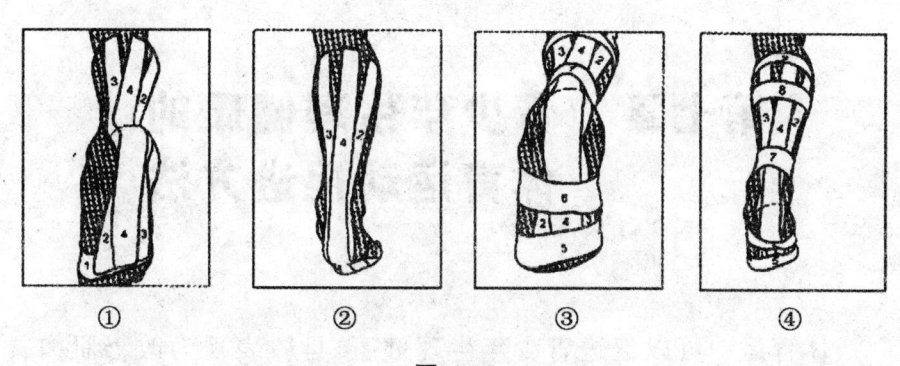

图 6-13

(6)足弓支持带,如图 6-14 所示。

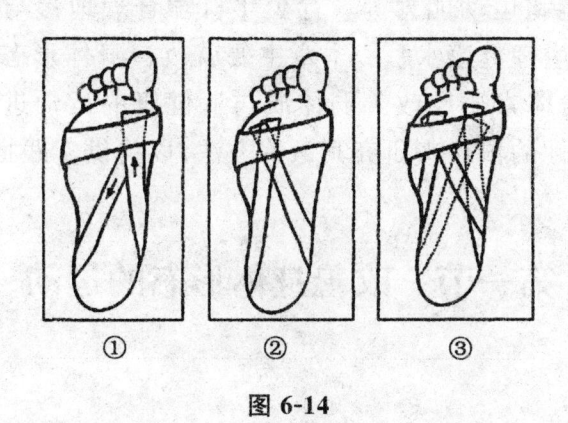

图 6-14

(7)第一跖趾关节支持带,如图 6-15 所示。

图 6-15

# 第七章　青少年生理健康的体育运动促进方法

体育运动可以促进青少年生理健康,具体表现为改善肌肉、呼吸系统功能、心血管系统功能,提高神经系统的调节能力、内分泌和免疫系统的调适能力,改善亚健康状况,保持良好的身体形态、生理机能和运动能力等。青少年科学合理地参与体育锻炼,可有效提高生理健康水平。本章主要就改善身体形态、增强身体机能、提高身体素质及改善弱体质与亚健康的运动进行分析,并选取有代表性的项目来研究其锻炼方法,以提供实践指导。

## 第一节　改善身体形态的运动

### 一、改善身体形态的常见运动项目

改善身体形态的运动包括:改善体格的运动,如田径、游泳、健美操、街舞等;促进身高增长的运动,如篮球、跳高、排球等;保持适宜体重的运动,如形体锻炼、功率自行车、迪斯科等;改善身体成分的运动,如减肥操、长慢跑、水中走/跑等;肌肉健美的运动,如哑铃健身操、腹肌架练习、伸背器练习等。

青少年从事上述运动时,以中小强度为宜,每周锻炼3~5次,每次锻炼时间为0.5~1小时。

## 二、典型项目锻炼方法指导

（一）篮球

1. 移动

（1）起动

屈膝，躯干前倾，后脚前脚掌蹬地，两臂前后自然配合下肢而摆动，适当将重心向前移（图7-1）。

图 7-1

（2）跑

如从右向左变向跑时，最后一步右脚蹬地，屈膝，上体顺势左转再前倾；左脚迅速向左前方迈出，右脚跟上（图7-2）。

图 7-2

2. 传球

双手胸前传球时，双手体前屈臂持球，后脚蹬地，身体微前倾，两臂自然伸出，用食指、中指的力来拨球（图7-3）。

图 7-3

3. 接球

双手接球时,两臂伸出迎球,注意高度随来球而定,接球后随球后引、缓冲(图 7-4)。

图 7-4

4. 运球

高运球时,稍屈膝,运球手臂前臂有节奏地随拍球动作而自然屈伸,控制球反弹后的高度,基本与胸部齐高(图 7-5)。

图 7-5

## 5. 投篮

原地右手投篮时，稍屈膝，重心下移，上体前倾，屈臂于体前持球，手腕后仰，然后下肢蹬伸，伸展整个身体，手臂上举，手腕前屈，最后用右手食指与中指的力投球（图 7-6）。

图 7-6

## 6. 抢篮板球

外线队员抢进攻篮板球时，在同伴投篮时，如进攻队员面向球篮，首先观察球从哪个方向反弹、落点在哪，然后迅速移动到位，及时补篮或抢获篮板球。从防守人身后左侧冲抢的方法如图 7-7 所示。

图 7-7

## (二)蛙泳

### 1. 身体姿势

俯卧,充分伸展两臂并与头相贴,目视水面的前下方,身体纵轴与水面间保持较小的夹角(图 7-8)。划水时,躯干稍微向上抬,此时露出水面的部位有头、肩及上背部(图 7-9)。

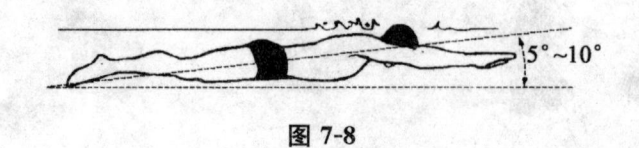

图 7-8

图 7-9

2. 下肢动作

(1) 收腿

膝盖下沉,小腿轻轻向大腿靠拢,收腿后大腿与躯干的夹角在 130°～140° 的范围内,如图 7-10 所示。

张开小腿,大腿内旋,在快完成翻脚动作时迅速蹬夹,动作要有一定的力度。

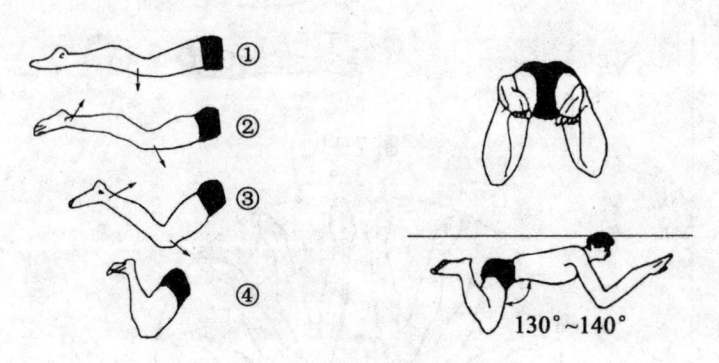

图 7-10

(2) 蹬夹水

向后蹬腿时,脚外翻,下肢在腰腹力量的控制下慢慢伸直,然后左右腿并在一起(图 7-11)。

(3) 滑行

随着惯性继续向前滑,腿适当放松一些,做好收腿准备。

3. 上肢动作

双手从"桃心"顶尖开始连续划动,直到划完一整个大圈,如图 7-12 所示。

图 7-11

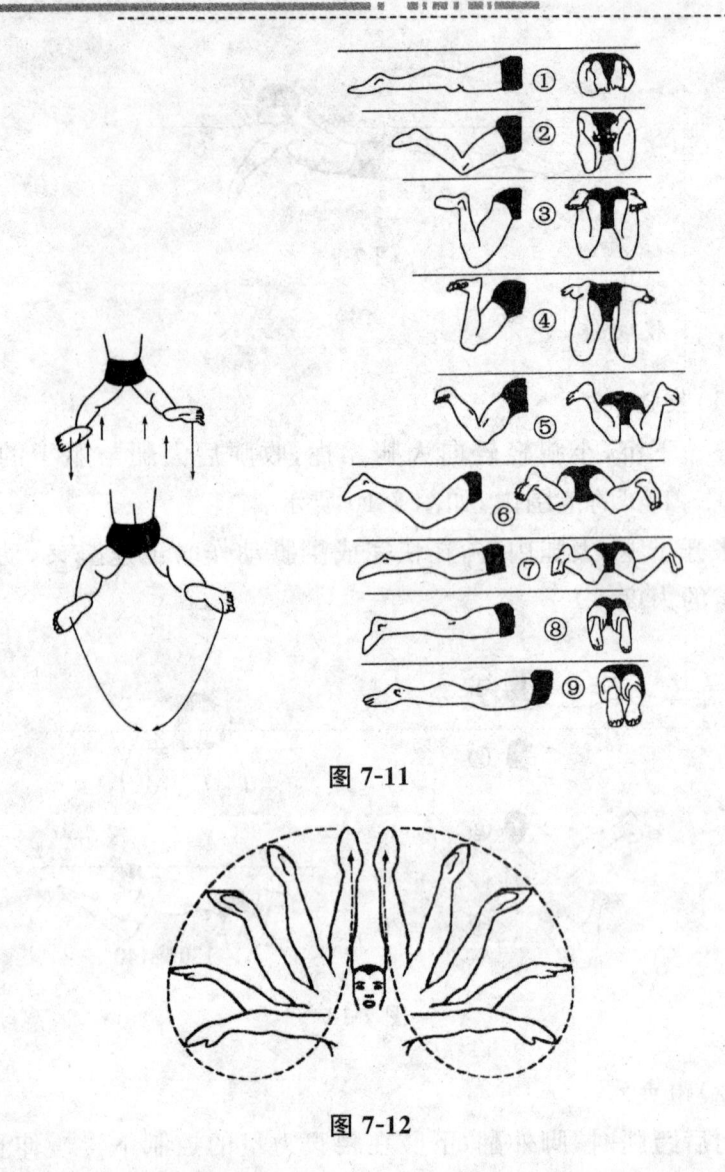

图 7-12

完整的两臂划水过程是由图 7-13 至图 7-16 所示的四个阶段组成的,分别对应的是外划、下划、内划、前伸。

图 7-13

图 7-14

图 7-15

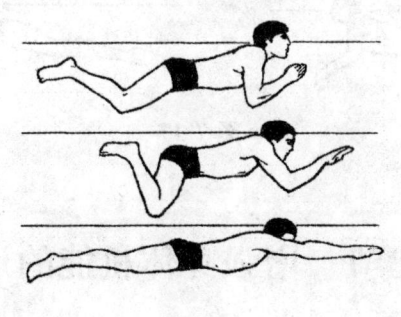

图 7-16

4. 配合动作

(1) 上下肢配合方法

上肢内划时,下肢放松,膝下沉,用较小的力收腿。上肢伸向前方时,收腿、翻脚(动作要迅速)。上肢再次向游进方向伸展时,下肢后蹬夹水。最后伸展整个身体呈流线型前进(图 7-17)。

(2) 上肢与呼吸配合方法

上肢外划时呼气(在水面上);下划和内划时吸气;前伸时闭气(水中);滑行时呼气。

图 7-17

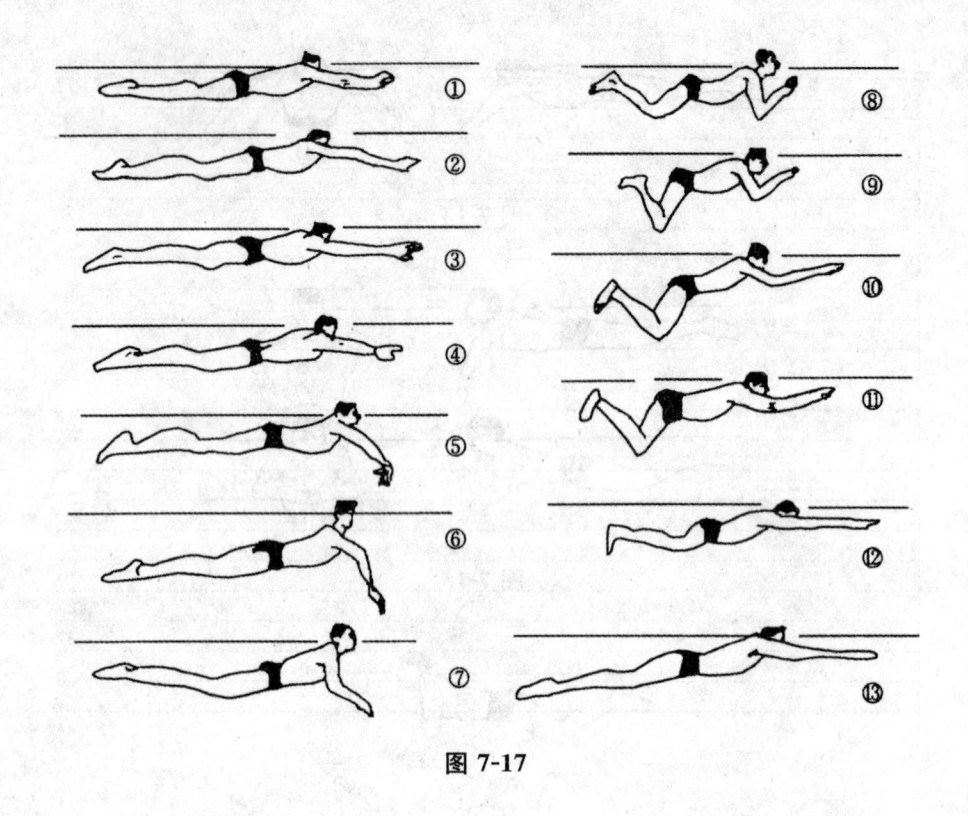

## 第二节 增强身体机能的运动

### 一、增强身体机能的常见运动项目

增强身体机能的运动包括：增强心血管机能的运动，如健身跑、跳绳、功率自行车、台阶运动等；增强呼吸机能的运动，如滑雪、瑜伽、气功、太极拳等；增强有氧耐力的运动，如越野滑雪、踢毽子、滑冰、台阶运动等。

青少年参与上述运动时，运动强度 130～150 次/分；每周锻炼 4 次，每次锻炼时间大约为 30～50 分钟。

## 二、典型项目锻炼方法指导

(一)跳绳

1. 跳单绳

(1)跑过

绳子从最高点下移时,在其与地面接近时迅速跑过。跑过时可以做一些转体、单脚跳、双脚跳等动作。如果是两人或多人跑过,跑过时可相互击掌(图 7-18)。

**图 7-18**

(2)跳过

摇绳后一人或多人跑进并在跳过绳子后跑出。跳过绳子的方法有单脚跳、双脚跳、屈腿跳、转体跳等,跳过者也可相互击掌。或者在地上放一个轻巧的东西,要求练习者跑过后拾物跑出。可以连续多次跳过绳子后再跑出(图 7-19)。

**图 7-19**

2. 跳双绳

平行摇转两根长绳,摇动时要有节奏,1人或2人从中跑过或跳过,动作可以自由选择。

3. 跳短绳

(1)单人跳

双手将绳子的左右两端握住,一脚踩住绳子正中间,屈肘至大小臂垂直,拉直绳子(图 7-20)。可以将绳子向前摇、向后摇、两臂交叉摇。基本跳法有很多,如单(双)脚连跳和垫跳、交换脚连跳和垫跳、跳绳跑和单(双)脚两摇跳和多摇跳。它们的共同点是均为前脚掌蹬地跳起。

图 7-20

(2)双人跳(图 7-21)

两人相距一定距离手拉手并排而立,外侧手摇绳,摇绳、跳过的动作都是同步的,可以做行进间跳绳的练习。

图 7-21

## 第七章 青少年生理健康的体育运动促进方法

还有另一种姿势的跳法,即两人面向而立,一人摇绳,同伴扶在摇绳者的腰侧,同时跳。

(3)三人跳

一人摇绳,两名同伴分别在其身前、身后站立,一人带两人跳(图 7-22)。

图 7-22

4. 跳长绳

绳子的长度大约 5 米,具体有以下两种摇绳方法。

(1)摇荡,左右摆绳,幅度小于等于 45°。

(2)摇转,向一个方向摇绳绕圈。

5. 跳绳游戏

(1)数量比拼游戏

规定跳绳时间,跳的数量多者获胜。

(2)速度比拼游戏

组织跳绳接力赛,先跳完的一组获胜。

(3)花样比拼游戏

规定跳绳时间,这段时间内跳绳花样最多者获胜,如交叉跳、一摇两跳、一跳双摇、跳转 180°等。

(二)滑雪

下面主要分析平地滑雪技术与蹬冰技术。

1. 平地滑雪

(1)直线向前走

在雪地上穿着滑雪板向不同方向做适应性的移动练习,然后双手持杖,两脚间隔 15 厘米向前行走,上肢配合撑杖,上下协调。

(2)两步推进滑行(图 7-23)

两杖推撑后前摆,空中空摆时间为一拍,之后再推撑。心中默数节拍,有节奏地滑行,数"一""二"时各滑一步,数"三"时着地推撑。

注意重心放在两脚上,呼吸要有节奏。

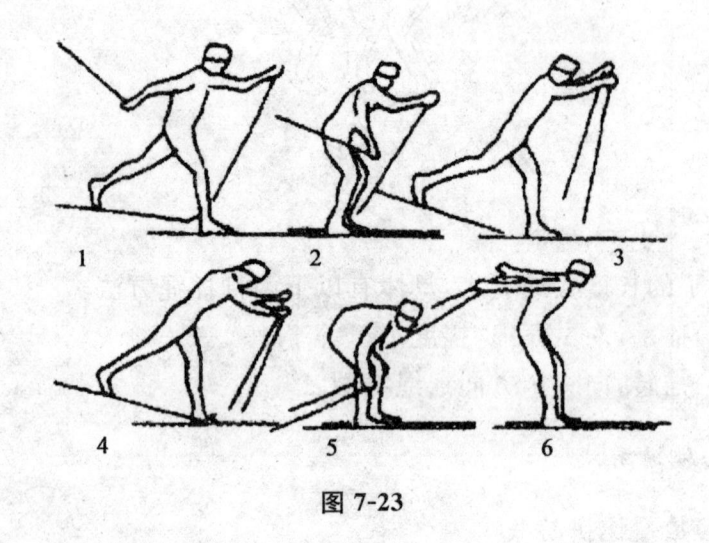

图 7-23

(3)两步交替滑行

上体前倾,右脚向后蹬地前行,屈右膝,左臂前摆,杖尖着地的位置距离右脚尖较近。然后左手用力撑杖,左脚前蹬,重心顺势向左脚移动,最后身体重心完全落在左脚,右脚蹬地前移,手臂前摆(图 7-24)。

两步交替滑行中,注意屈膝动作要充分,正确与错误的示范如图 7-25 所示。

图 7-24

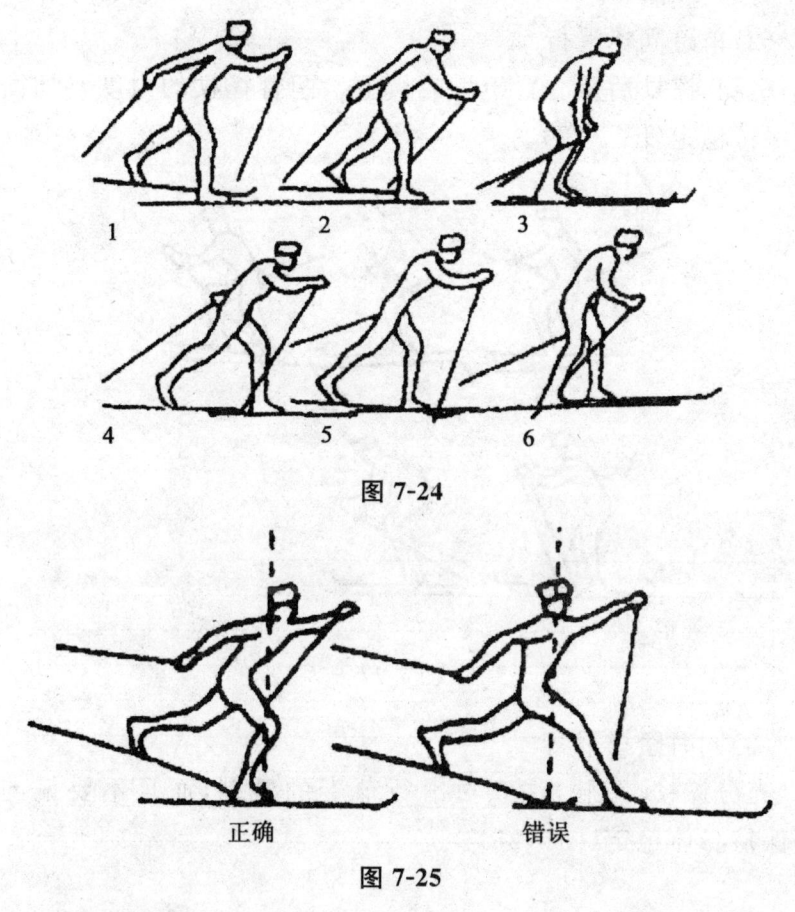

图 7-25 正确　错误

2. 蹬冰式滑行

(1)平地蹬冰式滑行

屈膝(100°～110°),一腿蹬地,滑行支撑腿承担重心,上体前倾,蹬伸腿向侧后方蹬,动作应用力一些,尽量使滑雪板的内刃刻住雪面(图 7-26)。

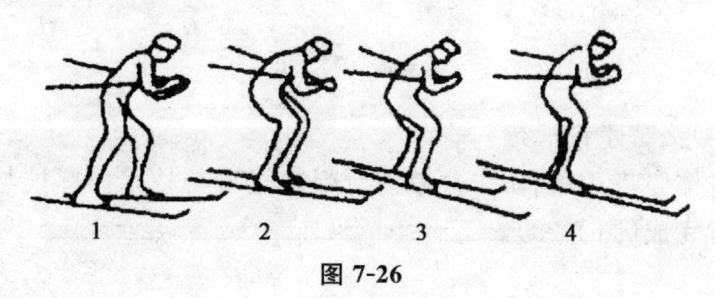

图 7-26

(2) 单蹬同撑滑行

蹬腿、撑杖后重心置于滑雪板上。两臂撑杖的力度要均衡一些,保持稳定(图7-27)。

图 7-27

(3) 同时蹬撑滑行

充分撑杖、蹬腿,注意对滑行节奏的控制,而且不要偏向一侧,保持身体稳定(图7-28)。

图 7-28

(4) 交替蹬撑滑行

身体姿势、下肢动作参考平地蹬冰式滑行技术。撑杖与蹬动要同时完成(图7-29)。

图 7-29

(5) 二步、四步蹬撑滑行

下肢动作同上,持杖前摆时,上体恢复直立,屈臂,等手到头部高度后再将杖放下。撑杖时上体顺势下压,两手经过膝盖部位向后推撑(图 7-30)。

图 7-30

# 第三节　提高身体素质的运动

## 一、提高身体素质的常见运动项目

提高身体素质的运动包括：增加力量的运动，如网球、壁球、呼啦圈、攀登、踏板操等；增加速度素质的运动，如击剑运动、立定跳远、变速跑、短跑等；增加耐力素质的运动，如中长距离游泳、登山、越野跑等；增加柔韧性的运动，如呼啦圈、健身棒操、跳水、柔软体操等；增加灵活性的运动，如武术、摔跤、五禽戏、柔道等；增加协调性的运动，如体育舞蹈、踢毽子、韵律操、街舞等；改善平衡能力的运动，如轮滑、蹦床、皮划艇、花样滑冰等。

## 二、典型项目锻炼方法指导

(一)街舞

下面分析街舞运动的基本组合动作。

1. 第一个8拍(图7-31)

(1)步伐

1～2拍：右脚尖点地，重复两次。

3拍：右脚迈向前一步。

4拍：左脚迈向前一步，与右脚并拢。

5拍：右脚侧点地，重心在左脚。

6拍：右脚并向左脚，左脚侧点地，重心在右脚。

7拍：参考5拍。

8拍：右脚并向左脚。

1~2

3

4~8

5~7

图 7-31

(2)手臂

1~2拍:右手在身体侧面打响指两次。

3拍:屈肘举臂。

4拍:手臂还原再上举。

5~7拍:屈臂置于体侧。

8拍:双臂斜上举。

(3)手型

1~2拍:响指。

3~7拍:半握拳。

8拍:出双手食指 point。

(4)面向

1~4拍：1点。

5、7拍：8点。

6拍：2点。

8拍：1点。

2. 第二个 8 拍(图 7-32)

(1)步伐

1 拍:两脚分立,屈膝,右肩侧顶。

2 拍:同 1 拍,反方向。

3 拍:肩膀带动胸绕环(顺时针)。

4 拍:左脚抬起。

5 拍:左脚跟点地。

6 拍:左脚还原,右脚跟点地。

7 拍:转身 180°。

8 拍:两肘上抬。

(2)手臂

1~7 拍:下垂于体侧。

8 拍:侧抬齐腰高。

1~2　　　3~5

6　　　7~8

图 7-32

(3)手型

1~7拍:放松。

8拍:握拳。

(4)面向

1~3拍:1点。

4~6拍:3点。

7~8拍:7点。

3. 第三个8拍(图7-33)

(1)步伐

1~2拍:转动上体。

3拍:右脚迈向前一步。

4拍:左脚迈向前一步,向右脚并拢。

5拍:左脚退后一步。

6拍:转体180°。

图 7-33

7拍:右脚退后一步。

8拍:转体180°。

(2)手臂

1~2拍:分别侧上抬两次。

3拍:左臂微伸。

4~8拍:自然摆动。

(3)手型

放松或半握拳。

(4)面向

1~5拍:1点。

6~7拍:5点。

8拍:1点。

4. 第四个8拍(图7-34)

(1)步伐

1拍:右脚跟前点地。

2拍:左脚跟前点地。

3拍:右脚向前迈出半步。

4拍:两脚跟前转并收回。

5拍:右脚退后一步。

6拍:左脚退后一步。

7拍:双脚交替跳跃。

8拍:并步。

(2)手臂

1~3拍:放松。

4拍:向前抬然后还原。

5~6拍:放松。

7拍:右臂抡摆(从后向前)。

8拍:放松。

第七章 青少年生理健康的体育运动促进方法

图 7-34

(3) 手型

放松。

(4) 面向

1 点。

(二) 网球

1. 发球

以下手发球为例分析发球的动作方法。

面对球网而立,屈膝,左、右手分别持球与拍。上体向右转,将球拍后摆,左脚迈向前一步,左手抛球,肩向前移,球下落时,在身体前面击球。击球后,顺势向前上方挥拍,迅速还原,准备完成下一次击球。

2. 接发球

判断球从哪个方向飞来,移动到位,迅速引拍,积极向前迎球,球拍触球时间长一些,击球后要有一定的随挥动作,然后迅速还原,为下一个接球动作做准备(图7-35)。

图 7-35

3. 击球

以双手反手击球为例分析击球动作方法。

判断球从哪个方向飞来,及时移动到相应位置,右脚在前,身体右侧对准来球方向。双手持拍摆向左后方,大幅度伸右臂,屈左臂。从低到高挥拍,拍面垂直于来球方向,拍击球中部。击球后,迅速回到准备姿势(图7-36)。

4. 截击球

下面分析正手截击球的动作方法。

在距离球网两三米的位置站好,举拍稍高一些,手臂以较小幅度后摆,左脚向前一步迈出(步子大小视来球距离而定,距离

## 第七章 青少年生理健康的体育运动促进方法

远,步子大;距离近,步子小),在体前击球,击球时握紧拍子,稍向前将球推击出去(图 7-37)。

图 7-36

图 7-37

5. 挑高球

下面分析进攻性挑高球的动作方法。

将对手引诱到网前,不要让对方猜到你的意图。击球前,肩部适度紧张,击球时,拍面上仰,顺着球的移动而收拍,从而把握好击球点。击球瞬间迅速向前上方提拉拍子,使球快速上旋,给对手回击制造困难(图 7-38)。

图 7-38

# 第四节　改善弱体质与亚健康的运动

## 一、改善弱体质与亚健康的常见运动项目

改善青少年弱体质的运动包括体操、快走、游水、八段锦、十二段锦以及登山、徒步穿越之类的户外运动等;改善亚健康的运动包括双扇舞、木兰拳、保龄球、走跑跳操练习及常见户外运动等。

改善亚健康和弱体质需要坚持不懈地进行长期性锻炼才能取得较好的效果,运动强度以中等或小强度为宜,一周至少锻炼 5 次,每次锻炼时间应持续 1 小时以上。

## 二、典型项目锻炼方法指导

### (一)体操

1. 徒手体操

以两人一组的双人练习为例。
(1)助力性练习
一人在同伴的帮助下完成拉肩(图 7-39)、搬腿(图 7-40)等动作。

## 第七章 青少年生理健康的体育运动促进方法

图 7-39 　　　　　　　图 7-40

(2)协同性练习

两人相互配合,同时用力完成练习。

练习一:面对面而立,上体前倾直至上体与地面基本平行,两手扶在对方肩上,相互压肩(图7-41)。

练习二:两人间隔一脚距离平行站立,外侧臂举过头顶,两手相握,内侧臂自然下落在体侧而握手,然后同时完成弓步体侧屈动作(图7-42)。

(3)对抗性练习

相互之间对抗用力,制衡对方,如两人面对面站好,两臂轮流互推。

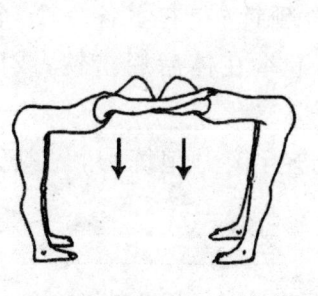

图 7-41 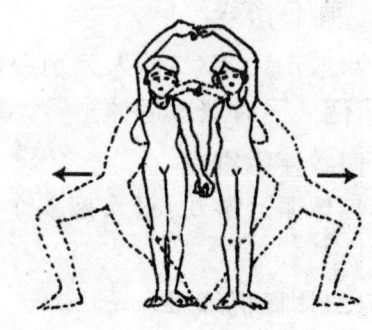　　　　　　　图 7-42

2. 轻器械体操

(1)哑铃练习

①击木哑铃(图7-43)

横击铃:左右手各拿一个木哑铃,虎口相对,直臂举过头顶,

· 191 ·

让哑铃的一端互相碰击。

竖击铃：左右手各拿一个木哑铃，双手掌心相对，将哑铃的一侧相互碰击。

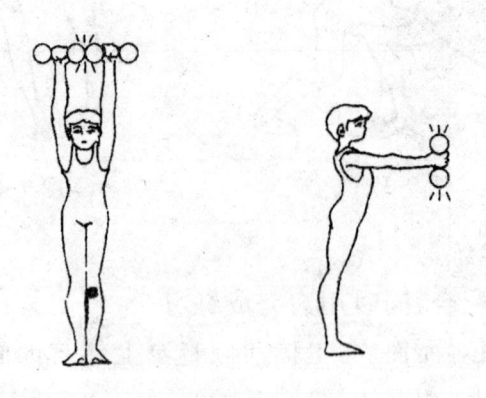

图 7-43

节奏：有四拍一次击、四拍二次击、四拍三次击、四拍四次击、一拍二次击等。

②哑铃操

持哑铃做上肢（屈、伸、举、振、绕等）、躯干（转、屈、伸等）及下肢（摆、踢、屈、伸、蹲、跳等）的不同动作及全身协调动作。

③哑铃游戏

双人击铃游戏：两人分别各持两个哑铃（左右手各一个）背向而立，两人同时屈臂后伸击铃，或手臂上举在体后屈击铃，或向相反方向转体击铃。

集体搬运游戏：每人抱 4 个哑铃进行接力跑练习，先跑完的一组获胜。

(2)体操棍练习

体操棍为木质圆形棍棒，直径 2 厘米左右，长 1 米左右。

①握棍

握棍的基本方式有正反握、单手握、双手握等。

②持棍基本动作

持棍立正：右手拇指、食指将棍的一端握住，其余三指与棍身紧贴，两臂自然落在体侧（图 7-44）。

持棍稍息：左脚向左一步迈出，右手压棍，稍放手，使棍的上端落在左脚尖前（图7-45）。

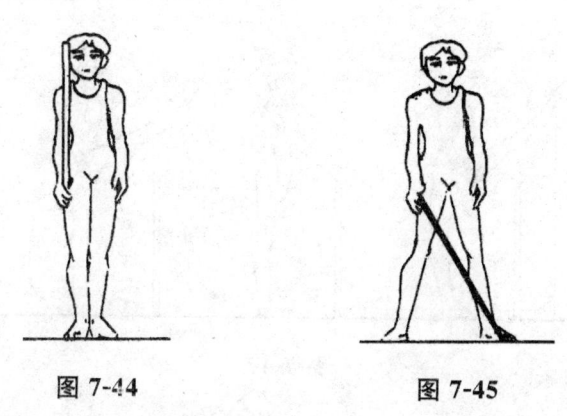

图7-44　　　　图7-45

持棍行进：右手持棍举在体前，自然行进，左臂前后摆动。
③持棍限制性动作
横棍动作：双手分别握在棍的两端，两臂同时或依次向前，肩部向后转，或两腿依次摆越棍，或两腿同时跳过棍等（图7-46）。

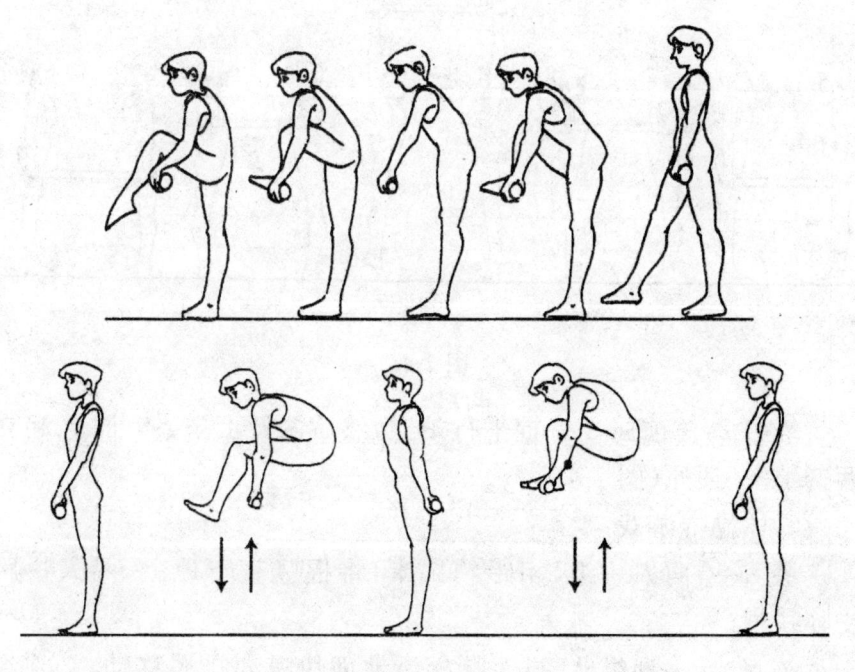

图7-46

竖棍动作：体操棍在地上直立着，一手轻扶棍，单腿摆动绕过棍，交替进行（图 7-47）。

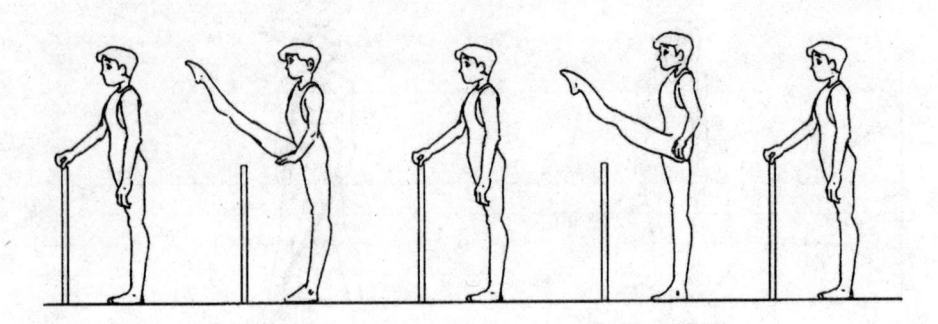

图 7-47

④体操棍操

以双人协调性练习为例。

练习 1：举臂。持棍面向而立，然后两臂侧举、上举、侧举、还原（图 7-48）。

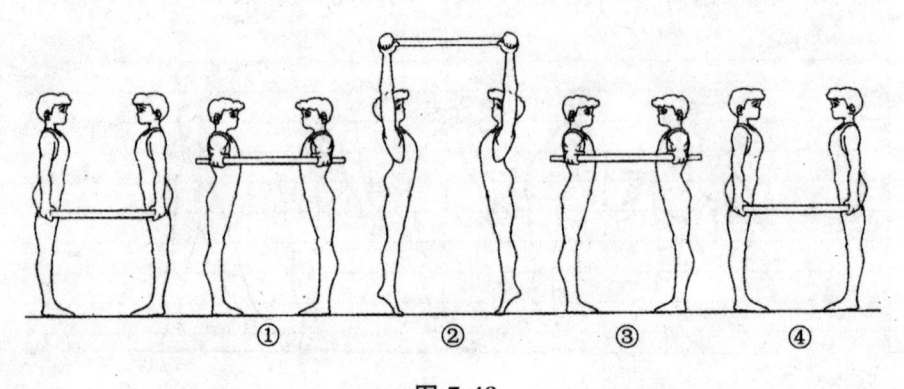

① ② ③ ④

图 7-48

练习 2：体前屈。持棍平行站立，然后两臂上举、体前屈、起立两臂上举、还原（图 7-49）。

⑤体操棍游戏

练习一：两人一组，相距约 1 米，将棍竖直于地上，两人快跑交换扶棍。

练习二：一列纵队，排头持棍沿地面快速向排尾移动，必须经过队伍中的每个人，所有队员都要依次从棍上跳过。

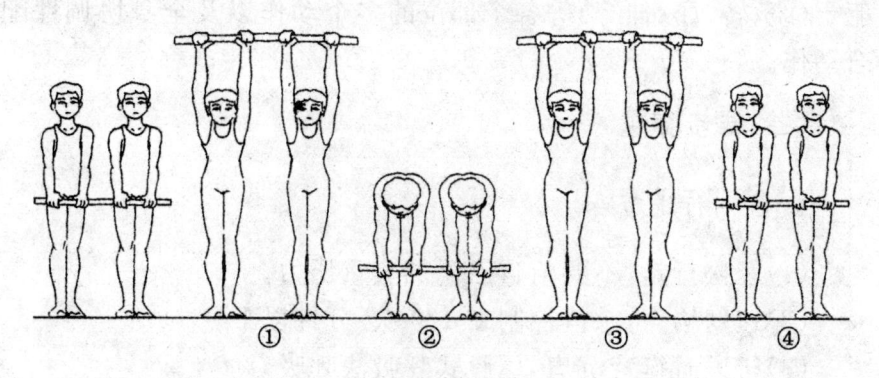

图 7-49

练习三：两人一组背对背而立，单手持棍完成头上交换棍、胯下交换棍等练习。

练习四：按一定的方式、距离在地上排列好若干体操棍，做各种经过体操棍的跑越、跳跃等障碍性练习。

(3) 实心球练习

①持球（图 7-50）

单手持球：用一只手将球的下部托住，以右手体侧持球为例，右手将球的下部托住，屈右臂，使球靠在右侧腰的部位。

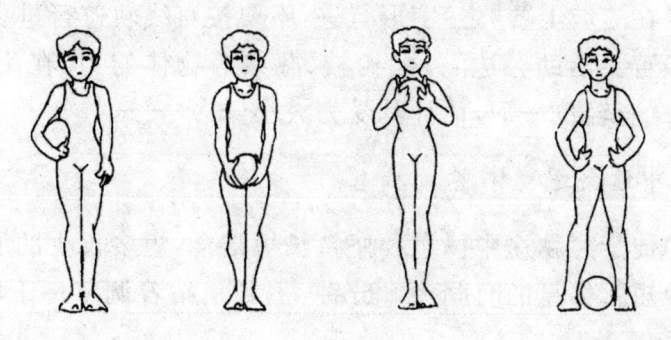

图 7-50

双手持球：双手十指分开，分别抓住球的两侧，常见的有体前持球、胸前持球等。

两脚夹球：两脚开立，脚内侧夹住球。

②实心球操

持球完成上肢（屈、伸、举、振、绕等）、下肢（踢、屈、伸、跳等）、躯干(绕、转、屈、伸等)等各个部位的多个动作以及全身协调性配合动作。

## (二)徒步穿越

### 1. 控制行进节奏

(1)轻松行走,不要给自己添加负重压力。
(2)速度均匀,脉搏控制在120次/分钟以下。
(3)行进时挺背沉肩,用腹式呼吸法呼吸,
(4)行进时从脚跟向前脚掌过渡用力。
(5)开始时,节奏缓慢,适应10分钟左右后,慢慢加快脚步。
(6)队伍中相邻队员之间前后保持2~3米的距离。
(7)途中遇到其他队伍迎面而来时,我右他左,互相谦让。
(8)队员如要暂停行进,则靠右站,让后面的队员从左侧经过。

### 2. 控制好重心

(1)上坡时,身体稍前倾,前脚掌承担身体重量,下坡时,身体稍下垂,重心下移,后脚掌承担身体重量。
(2)在陡坡上要"之"字形行进,不要按直线轨迹行进。
(3)若要借助旁边石块、树枝、藤条等物体的力,在用力攀拉之前先试着轻拉一下,估计其受力大小。

### 3. 中途要适度休息

(1)徒步穿越途中休息要坚持长短结合,短多长少的原则。
(2)短暂休息的时间为5分钟,主要是站着调整一下呼吸,不要取下装备。
(3)较长的休息时间是20分钟左右,一般在连续行进一个半小时左右后休息,此时要取下装备,坐下放松。

### 4. 科学补水

补水原则是主动、少量多次,不要一次喝太多。一般补水的频率与补水量是每15分钟补250毫升水分。

# 第八章　青少年心理健康的体育运动促进方法

心理健康是体质健康的一个重要表现,促进与维护青少年心理健康可预防心理异常与疾病的出现。科学合理的体育锻炼在培养青少年心理素质、提升其心理健康水平、改善其心理障碍等方面具有重要的作用,这对于青少年乐观性格的形成、坚强意志的磨炼以及自信心的提高均具有举足轻重的意义。本章主要就青少年心理健康的体育运动促进方法进行研究,主要包括提高心理素质、培养意志品质、增强健康情感以及健全个性特征的运动,着重选择代表性项目来分析运动锻炼方法与要点,以期提供实践指导。

## 第一节　提高心理素质的运动

对提高青少年心理素质有积极效果的运动主要包括飞镖、射箭、跳水、体育展示与表演、极限运动等。下面主要分析登山与射箭运动的锻炼方法。

### 一、登山运动锻炼方法指导

(一)结绳

1. 单结(图8-1)

打一个平结,然后两端各打一个结,形成编式8字结,最后再打单结以进一步固定。

2. 双单结(图 8-2)

用两条绳子一起打单结,将绳子紧紧拉成一条直线,使绳结牢固。

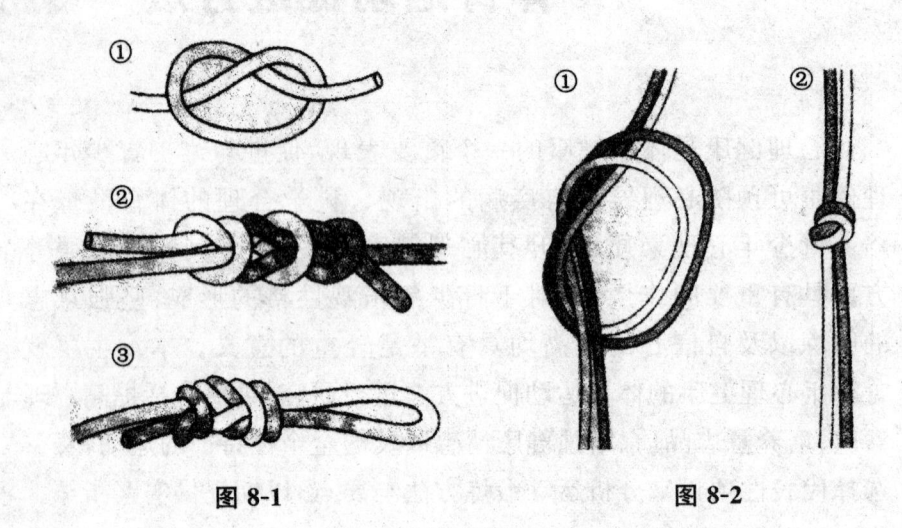

图 8-1

图 8-2

3. 单结绳环(图 8-3)

用绳圈打一个单结,紧紧拉这个结。

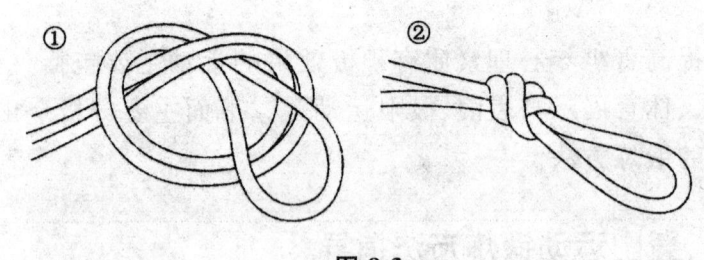

图 8-3

4. 渔人结(图 8-4)

两条绳端对齐,相互绕过打单结,紧紧拉这个结。

图 8-4

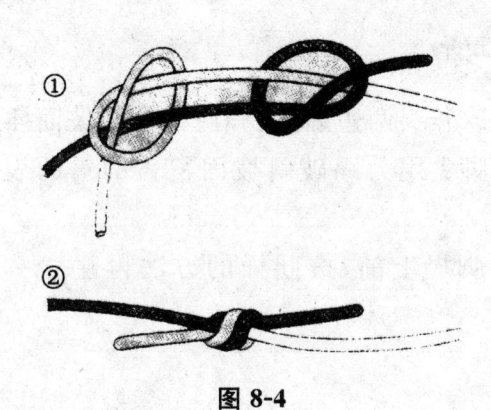

5. 巴克曼结(图 8-5)

绳环向主绳后的钩环扣进,向上拉绳环,从主绳及钩环后面绕 3~5 次。

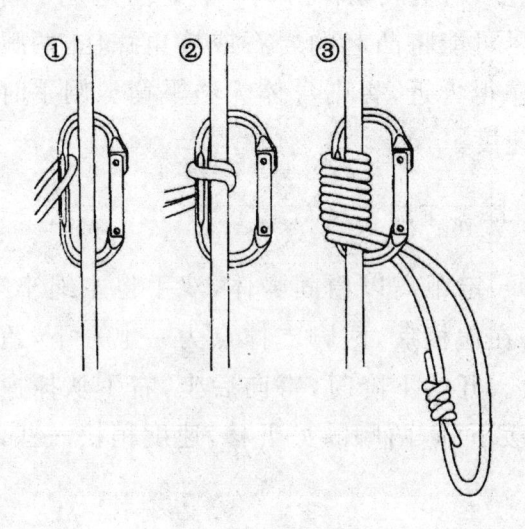

图 8-5

(二)上升

1."之"字形上升

如果攀登的山较陡峭,为了降低风险,要避免直线攀登,采用像"之"字一样的攀登路线,即按蛇形轨迹攀登。

### 2. 三拍法上升

(1)双手将冰斧头两边握住,斧底钉向斜坡面插进。

(2)一只脚脚尖用力踢破斜坡面覆盖的雪的表层,建立一个支点。

(3)另一只脚提上前,按同样的方法再建立一个支点,逐渐上升。

## (三)下降

### 1. 缘绳下降

沿主绳依次向下倒手,在倒手时一手先将抓结捋下,两脚同时顺势向下倒步,与上肢动作协调配合。为避免手臂承担过重的负担,前脚掌尽可能将凸起的岩石或棱角踩住,两腿稍微保持一定距离,不要靠得太近,否则身体无法平衡。倒手时要牢牢抓住主绳,控制好速度。

### 2. 利用下降器下降

两腿保持一定距离以稳固身体,双手将主绳牢牢抓住,左手上方的绳索搭在崖棱后,两脚支撑点为一上一下,蹬岩壁时主要用前脚掌的力。开始下降时,臀向后坐,右手从抓握的绳上慢慢松开,身体缓缓下降,两脚顺势下移,速度稍快一些,注意身体不要晃动。

# 二、射箭运动锻炼方法指导

## (一)站立、搭箭

站在起始线处,两脚开立,身体略微前倾,让左肩对准目标,左手拿弓。按要求搭箭、扣箭尾槽。

## (二)推弓、勾弦

左臂前撑,手与弓稍接触,要集中施力。大、小拇指弯曲,食指、中指与无名指以不同的力勾弦(中指力大),小臂平伸放松。

## (三)举弓、开弓、靠弦

弓垂直地面,伸直持弓的手臂,勾弦臂适度弯曲,身体直立,手与下颌靠在一起再拉弦,箭保持水平。

## (四)瞄准、撒放

用视力较好的一只眼在弓的平面向目标靶瞄准,满弓后继续加力,确定瞄准后,深勾弦手指离开,勾弦手和拉弓臂不动。停 2 秒后收弓。

# 第二节 培养意志品质的运动

有利于培养青少年意志品质的运动主要有冲浪、竞走、马拉松、公路自行车、铁人三项、散打、橄榄球、攀岩、野外生存等。下面重点分析橄榄球和散打运动的锻炼方法。

## 一、橄榄球运动锻炼方法指导

### (一)持球

手指按压球表面最凸出的部位,用力夹球(图 8-6)。

图 8-6

（二）传球

传球给左边的队友时,右肩前移,双臂用力摆动,甩腕,用手指向目标方向推球（图 8-7）。

三个条件：正确性
速度
时机

对球的控制

随势动作也是同样重要的

图 8-7

（三）接球

双手举到头顶高的位置主动迎球并接球,两腋把球夹紧。若遇雨天,可将球置于胸前,以免球太滑而脱落（图 8-8）。

图 8-8

## （四）跑动

重心下移，身体前倾，按正常的方法向目标方向跑。若遇到对手扑搂，迅速将其推开，及时摆脱。若对方高位扑搂，稍用力推其胸部或头部，若对方低位扑搂，稍用力推其肩，一手推对方的同时另一手保护好球（图 8-9）。

图 8-9

## （五）冲撞

### 1. 正面扑搂

若要从正面扑搂持球者，先在某一位置做准备。持球者离我方较近时，用肩、手臂扑搂，双臂抱其腰，使其失去平衡摔倒，趁机争夺控球权（图 8-10）。

图 8-10

### 2. 后面扑搂

若要从后面扑搂持球者，主动靠近持球者并以肩冲撞，手臂抱其大腿，使其失去平衡而摔倒。并非所有的扑搂都可以一次成功，若有失误，找机会再冲撞，注意把握好技巧，争取一次成功（图 8-11）。

## （六）踢球

以踢定位球为例来分析踢球技术方法。

将球立在地上，缝合部分对准目标，目视踢球点，助跑踢球，助跑最后一步时，支撑脚跨入支撑位置，踢球脚迅速踢球，着力点可以是脚尖、脚背和脚内侧等。踢球助跑常见的有三步助跑和五步助跑两种方法。

图 8-11

## 二、散打运动锻炼方法指导

下面主要分析散打运动的基本动作。

(一)步法

1. 滑步

两脚前后开立,前脚向前滑 25 厘米,后脚跟进,此为前滑步,如图 8-12 所示;后脚后退 25 厘米,前脚跟着后退,此为后滑步,如图 8-13 所示,注意重心不变。

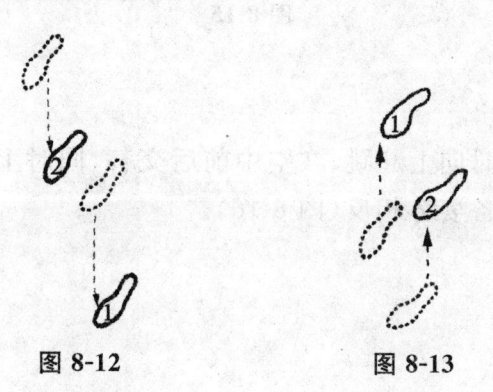

图 8-12　　图 8-13

## 2. 垫步

两脚前后开立,后脚蹬地后向前脚并拢,然后前腿膝盖弯曲并上抬(图 8-14)。

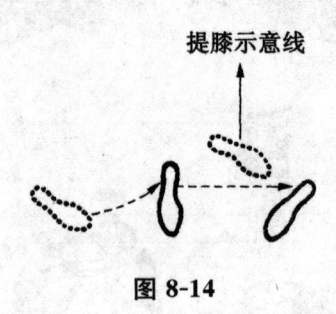

图 8-14

## 3. 闪步

一脚向同侧方向跨出半步,另一脚跟进,向与脚步移动相反的方向转体 90°。

左脚向左移动为左闪步,右脚向右移动为右闪步,如图 8-15 所示。

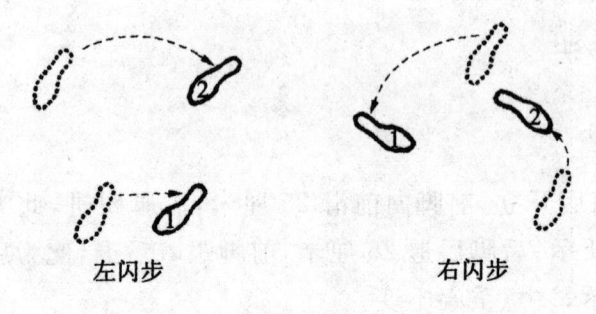

左闪步　　右闪步

图 8-15

## 4. 交换步

左右脚同时向上起跳,在空中前后交替,同时上体转 120°,落地后姿势与预备姿势相反(图 8-16)。

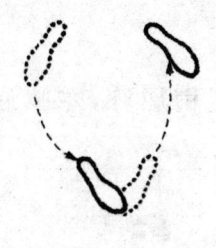

图 8-16

(二)拳法

下面主要分析左冲拳与左掼拳。

1. *左冲拳*

如图 8-17 所示,上体向右侧转,稍向前移重心,左手内旋,直直地向前打出左拳,拳背朝上。

图 8-17

2. *左掼拳*

稍向右转体,同时左拳向外、向前、向里横掼,屈臂,拳背朝上,力达拳面。

(三)腿法

下面主要分析左蹬腿和左踹腿的动作方法。

1. 左蹬腿

做好预备动作,右腿稍屈膝,左腿屈膝上提,勾脚向前蹬出(以脚跟领先)(图 8-18)。

图 8-18

2. 左踹腿

做好预备动作,右腿稍屈膝,左腿屈膝上提,勾脚尖,直膝展髋向前踹,脚掌正对目标方向(图 8-19)。

图 8-19

(四)摔法

下面主要分析几种常见的摔法。

1. 抓臂按颈别腿摔

对方用右掼拳击头时,我方立即左转体,左臂向左上架将对

## 第八章 青少年心理健康的体育运动促进方法

方右拳挡住,左手将其右腕抓住,进一步转体同时用右腿将对方右腿别住,用右臂将对方颈部拧向左下方,左手拉其右臂,使其摔倒(图 8-20)。

图 8-20

### 2. 闪躲穿裆靠摔

对方用左冲拳击打头部时,我方迅速屈膝下蹲,巧妙避开。同时左手抓在其左膝处,右臂将其右膝窝别住,头向对方胸部用力顶,集中发挥上体的力制衡对方,使其摔倒(图 8-21)。

### 3. 抱腿压摔

对方用左腿踢上体时,我方主动向其靠近,右手抓左脚踝,左肘夹左膝,右脚向后退,向后转体下蹲,右手用力向上扳其左小腿,使其摔倒(图 8-22)。

图 8-21

图 8-22

## 第三节　增强健康情感的运动

　　增强青少年健康情感的运动项目主要有棋牌活动、水上运动、放风筝、体育旅游、地掷球、高尔夫球等。本节主要就五子棋、放风筝这两项运动的锻炼方法进行分析。

# 第八章 青少年心理健康的体育运动促进方法

## 一、五子棋锻炼方法指导

### (一)基本常识

五子棋是由两个人共同完成的,其中一人用黑色棋子(113个),一人用白色棋子(112个),在棋盘上先形成 5 子连线的即为获胜方。五子棋棋盘如图 8-23 所示。

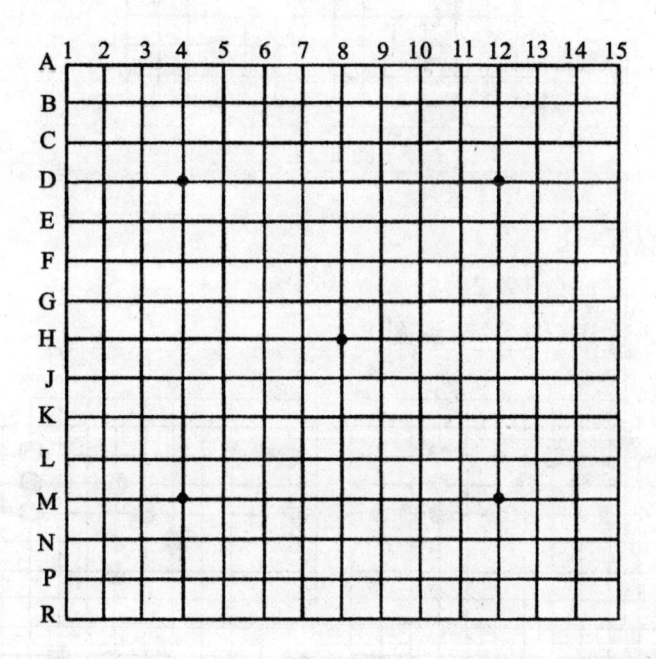

图 8-23

开局时,黑子的一方先走,白子的一方随后,轮流投子,最后五子连成一条线的情况如图 8-24 所示。

### (二)主要术语

五子棋运动中有双杀的说法,即一子落盘后形成两路三子、四子或五子,使对手处于绝境,常见形式如下。

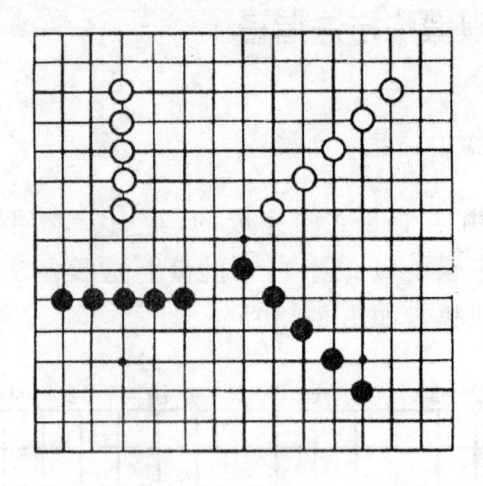

图 8-24

(1)双三(图 8-25)。

(2)三成四(图 8-26)。

(3)杀无解(图 8-27 到图 8-32)。

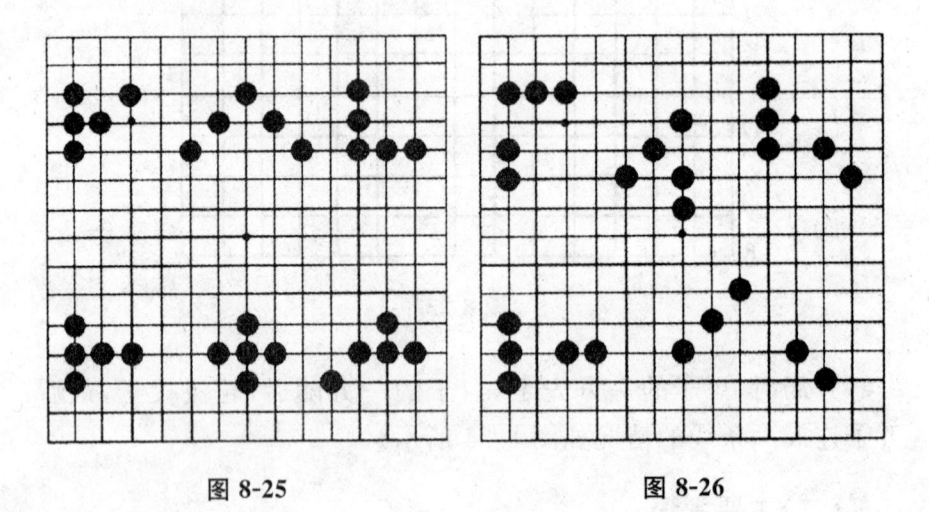

图 8-25                    图 8-26

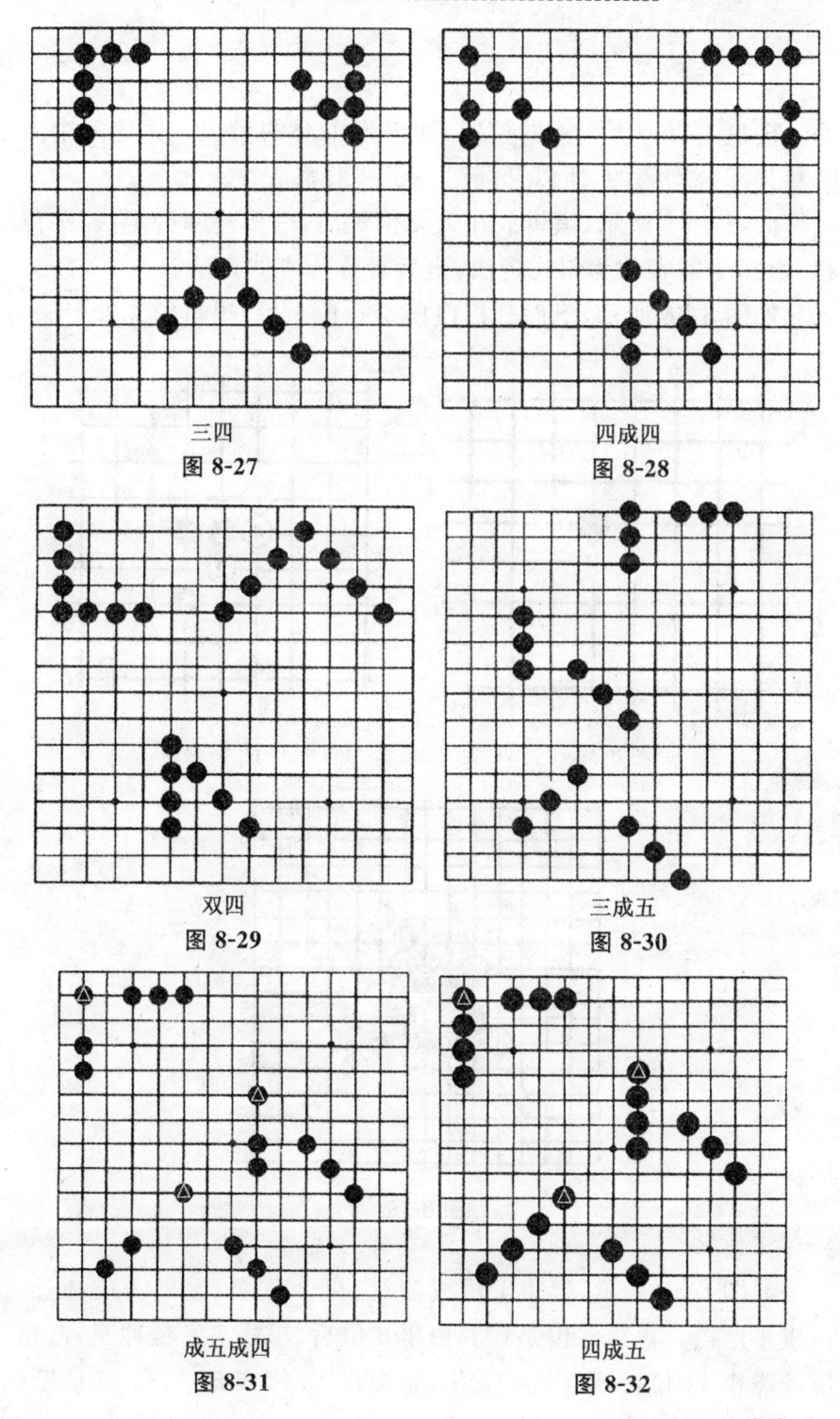

第八章 青少年心理健康的体育运动促进方法

三四
图 8-27

四成四
图 8-28

双四
图 8-29

三成五
图 8-30

成五成四
图 8-31

四成五
图 8-32

· 213 ·

## （三）走法及定式

棋盘上有一个天元的位置，即棋盘中心的星位。无论哪个方向看其都是均衡的，所以开局第一子一般都放在天元上。

如图 8-33 所示，黑棋放在天元位置后，白棋有两种走法，A 位和 B 位，走前者称为斜式走法；走后者称为直式走法。

如图 8-34 所示，下面分析白棋走 6 位之后，黑棋的几种走法。

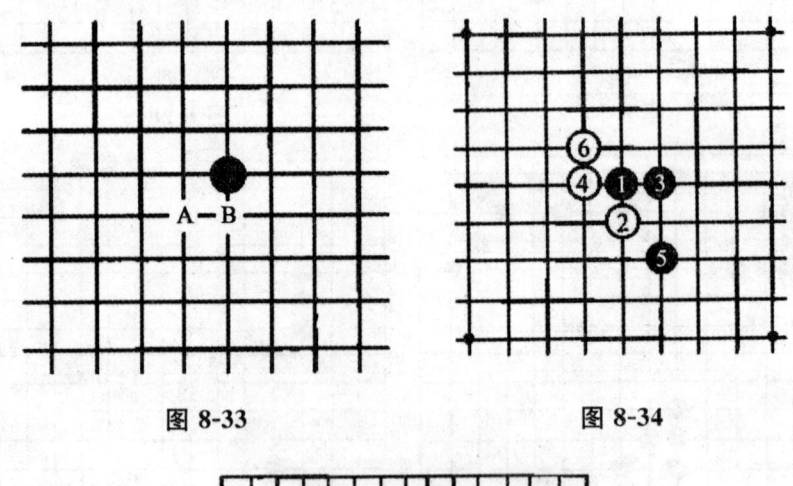

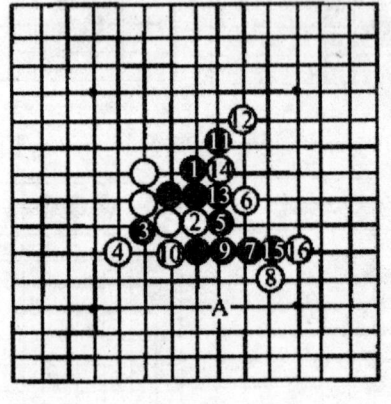

图 8-33

图 8-34

图 8-35

如图 8-35 所示，黑棋 1 位成四，白棋 2 位断，黑棋 3 位冲三，白棋 4 位挡。黑棋 5 位是形。白棋 6 位后，黑棋 7、9 位冲三，白棋应。黑棋 11 位冲四，白棋 12 位挡，黑棋 13 位成五，白棋 14 位断，黑棋 15 位冲四成四,胜。黑棋 9 位冲三时,白棋 10 如走 15 位挡,则黑棋走完前面几步后,15 在 10 位冲四,白棋挡后,黑棋 17 走 A 位成五成四,一样取胜。

## 二、放风筝锻炼方法指导

（一）起飞

以中小型风筝的起飞为例,一手持线轮,一手将风筝的提线提住,有了一定的风力后,迅速放开风筝,要边抖边放,保证风筝能够顺利起飞。如果风筝在空中偏离方向,就要及时甩线,甩线方向和风筝的偏向是一致的。

（二）上升和操纵

1. 原地放风筝

原地不动,用手灵活收放线,以操纵风筝,具体包括以下三个步骤。

（1）风筝起飞后,持线手将线向后拉,使风筝与迎面气流的相对速度不断增加,让风筝上升。

（2）将手中的线慢慢松开,风筝稍下降一段距离后,再迅速拉线,让风筝上升。

（3）一拉一松使风筝上升后,再适当调整放线速度,让风筝后退、稍下降,再反复收放线,使风筝再次上升。

2. 跑动中放风筝

在侧身慢跑中一手持线,一手持轮,不时回头看风筝的飞行情况,不要只顾低头跑,也不要一直回头看风筝,以免跑动中摔倒。

跑动中放风筝时,跑速由风筝上升的情况和手上风筝线拉力的大小所决定。风筝上升快,线的拉力大,速度放慢;相反,则速度加快。风筝上升时放线速度要把握好,以风筝稳定上升为宜。

## 第四节 健全个性特征的运动

促进青少年个性不断健全的运动项目主要有艺术体操、自由体操、郊游、垂钓、马术、音乐保健操、双人脚踏车、骑马机器械锻炼等。下面主要分析艺术体操和骑马机锻炼方法。

### 一、艺术体操锻炼方法指导

(一)徒手基本动作

1. 基本步伐

(1)柔软步
左脚为支撑脚,右腿外开,脚尖绷紧,向前下方伸直,第2、3、4脚趾先着地,再向全脚掌过渡,顺势向前移动重心(图8-36),左右脚交替练习。

图 8-36

(2)柔软跑
在上述步伐的基础上,后腿蹬地跑,具体动作形式如图8-37所示。

普通柔软跑　　前踢跑　　后踢跑

跨步跑

1~4　　5~6　　7~8
直线碎步跑

1~4　　5~8
弧形跑

图 8-37

(3) 滚动步

　　双手叉腰，左脚支撑在地，屈右膝，脚尖绷紧跕于左脚旁。然后左脚提踵，同时右膝伸直下压，经双脚提踵支撑后，屈左膝，左脚尖绷紧点地，右脚下压支撑(图 8-38)，两脚交替练习。

图 8-38

(4) 弹簧步

双脚提踵支撑,向前做柔软步,落地时双膝稍屈,重心顺势下移,接着依次伸展膝、踝关节并起踵,左右腿交替练习。常见动作形式如图 8-39 所示。

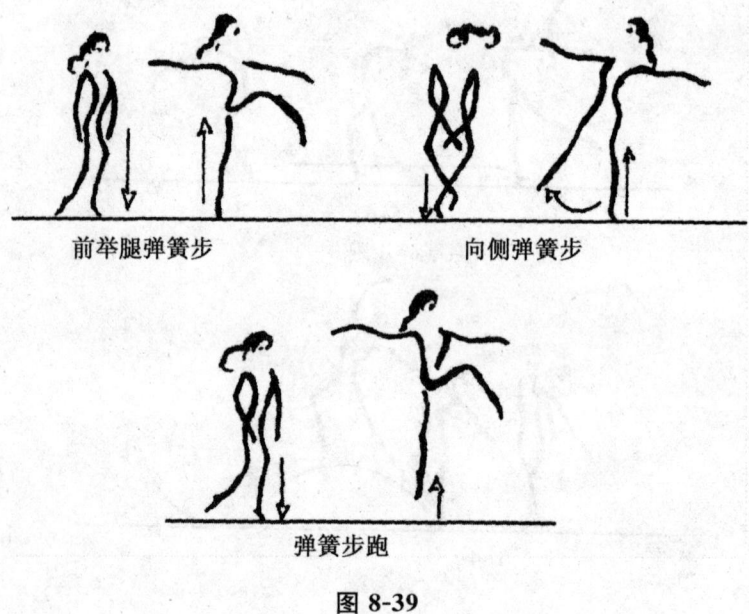

前举腿弹簧步　　　　　向侧弹簧步

弹簧步跑

图 8-39

2. 基本舞步

(1) 变换步

以普通变换步为例。

自然站立,两臂侧举。右脚向前柔软步,重心随之向前移。左脚向右脚并拢,臂一位。右脚继续向前做柔软步。左脚后点地,臂六位(图 8-40)。

**图 8-40**

(2)波尔卡步

从基本站姿开始,节拍前左脚做 1 次原地轻跳。右脚向前滑完成并步跳 1 次。右脚再做 1 次原地轻跳,左右腿交替进行(图 8-41)。

**图 8-41**

(3)华尔兹步

以左脚为例,从自然站姿开始,两臂右侧举。左脚向侧做柔软步,落地时膝关节稍弯曲,左腿支撑重心。右脚前掌踏在左脚跟后,伸直右腿膝关节并立踵,接着左右脚并立提踵。在 3 拍动作过程中,两臂经前摆成左侧举。

3. 波浪动作

(1)手臂波浪

从自然站姿开始,两臂侧平举,以肩带肘,稍屈腕,手指自然下垂,肩稍下沉,伸直肘、腕、指关节成侧举(图 8-42)。

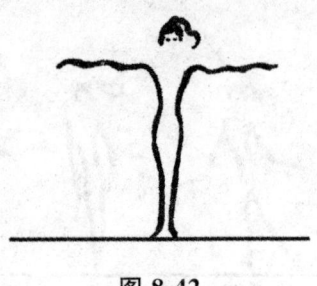

图 8-42

(2) 身体波浪

以身体向前波浪为例。

两脚并拢,屈膝半蹲,上体向前倾,低头含胸,两臂向上举。从踝开始依次向前上方伸展膝、髋、腰、胸、颈各关节,同时两臂从下向后绕到上举,最后保持抬头挺胸、提踵支撑的姿势（图 8-43）。

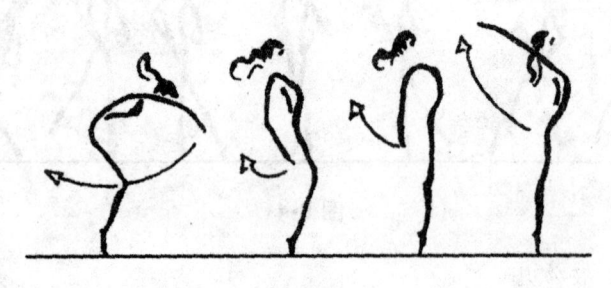

图 8-43

4. 跳跃动作

(1) 踏跳,一腿上步跳起,另一腿保持一定舞姿。常见动作形式如图 8-44 所示。

(2) 侧跨跳（图 8-45）。

(3) 向前大跨跳（图 8-46）。

(4) 向前鹿跳（图 8-47）。

(5) 前摆转体 180°跳（图 8-48）。

(6) 交换腿转体 180°跳（图 8-49）。

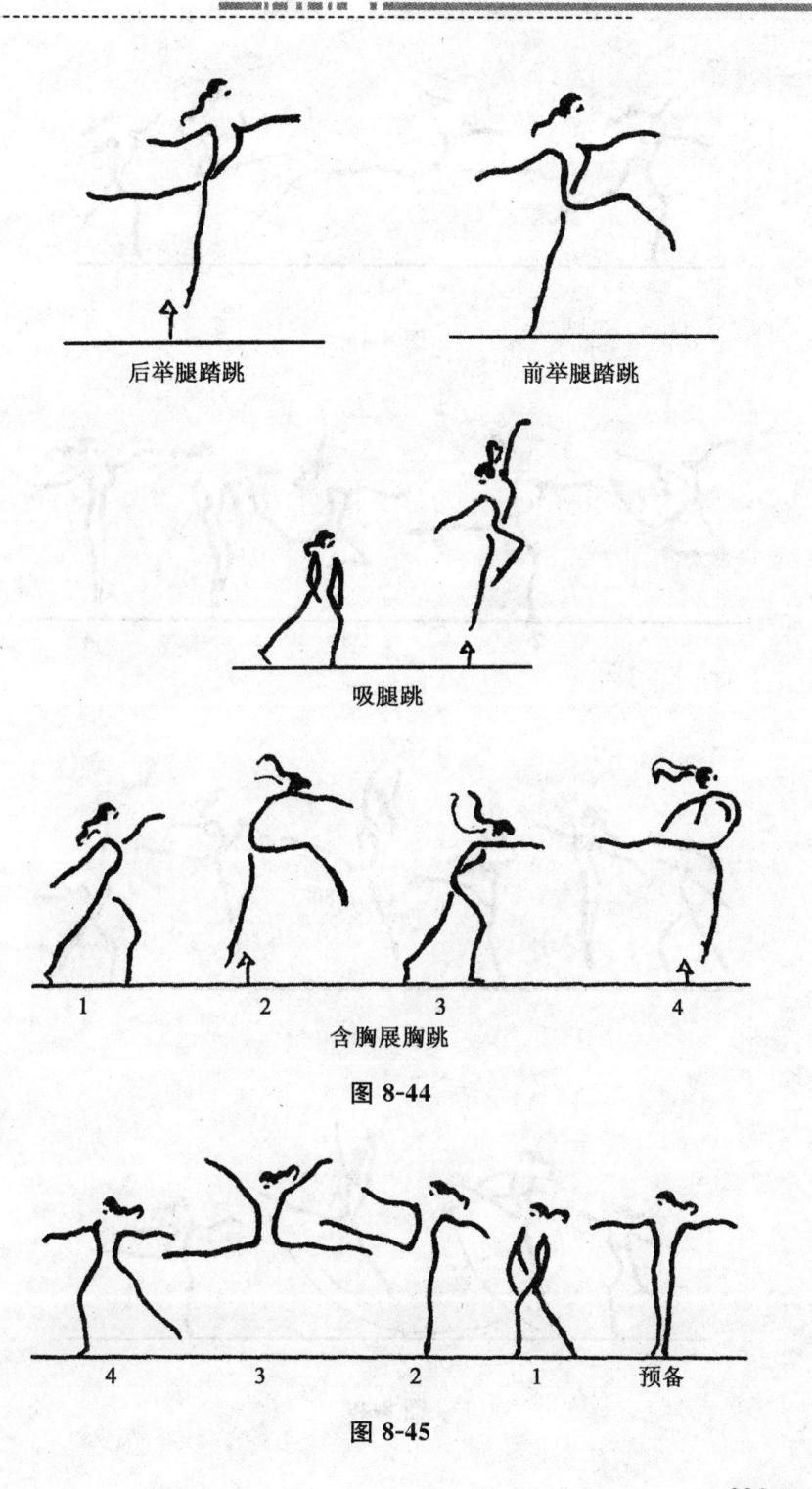

第八章 青少年心理健康的体育运动促进方法

后举腿踏跳　　　　　　　前举腿踏跳

吸腿跳

1　　2　　3　　4
含胸展胸跳

图 8-44

4　　3　　2　　1　　预备

图 8-45

· 221 ·

2~1

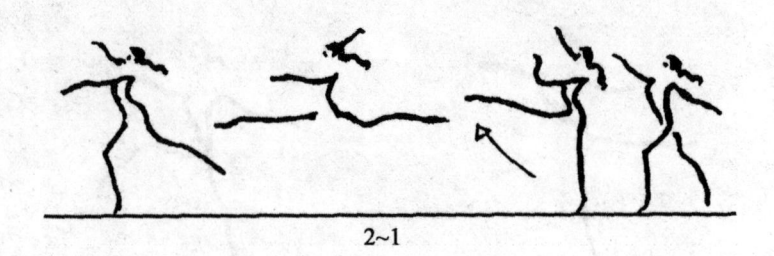

图 8-46

1　　　　2　　　　3　　　—　　　4

图 8-47

180°

图 8-48

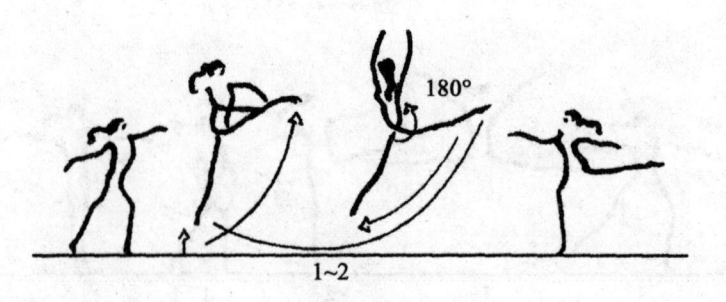

180°

1~2

图 8-49

(7)向前交换腿跳(图8-50)。

向前直腿交换腿跳

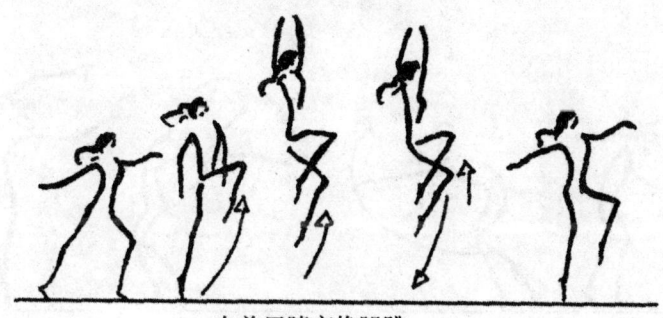

向前屈膝交换腿跳

图 8-50

(8)原地一位跳、二位跳、五位交换跳(图8-51)。

一位跳　二位跳　五位跳

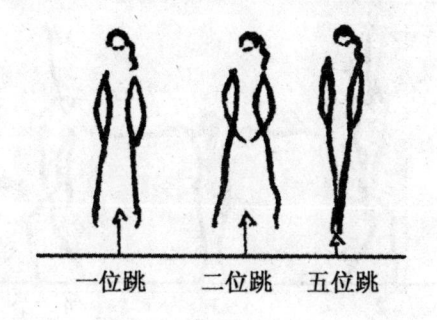

图 8-51

5. 转体动作

以原地转为例。
(1)双脚转
①并立转(图8-52)。
②螺旋转(图8-53)。

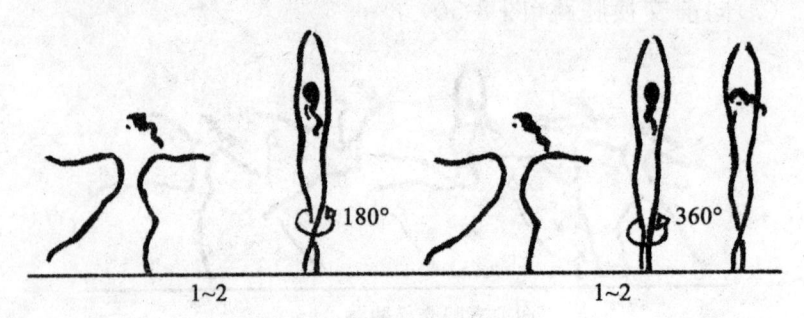

图 8-52

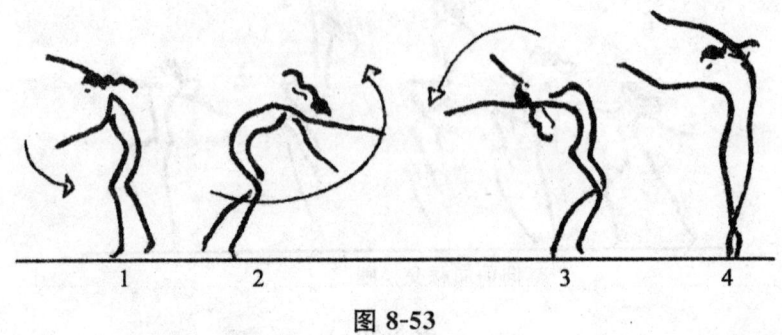

图 8-53

③翻身转(图 8-54)。

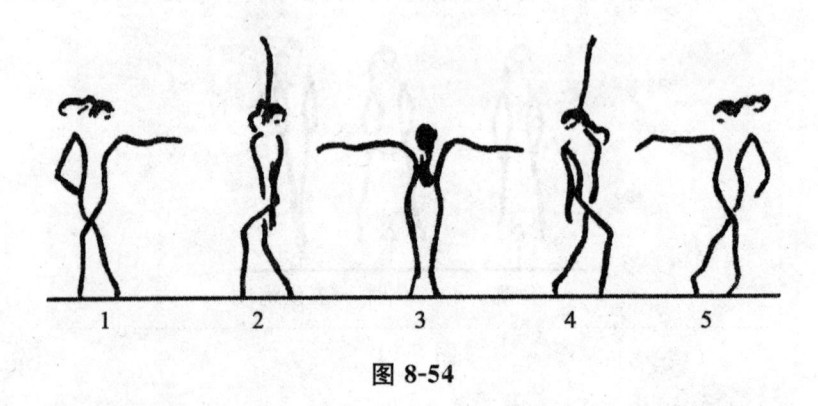

图 8-54

(2)单脚转

①前摆转体 180°、后摆转体 180°(图 8-55)。

②后举腿转体(图 8-56)。

(3)跪转

跪转的两种动作形式如图 8-57 所示。

第八章 青少年心理健康的体育运动促进方法

前摆转体180°　　　　后摆转体180°

图 8-55

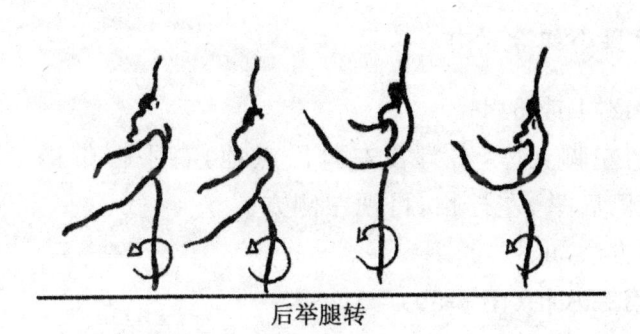

后举腿转

图 8-56

双腿跪转

单膝跪转

图 8-57

(4)背转

背转动作如图 8-58 所示。

图 8-58

(二)器械组合动作

1. 带操小组合动作

音乐:2/4 或 3/4。

预备:左脚支撑,右脚在左脚后点地,右手握带柄上举,左手握带中段侧后举,左拧腰,目视左侧方。

动作方法如下。

(1)第一八拍(图 8-59)

1~2 拍右脚向右上步,左脚在右脚前交叉,转体 360°,同时右手在头上从左向右水平绕环一周(顺时针),左臂侧举。

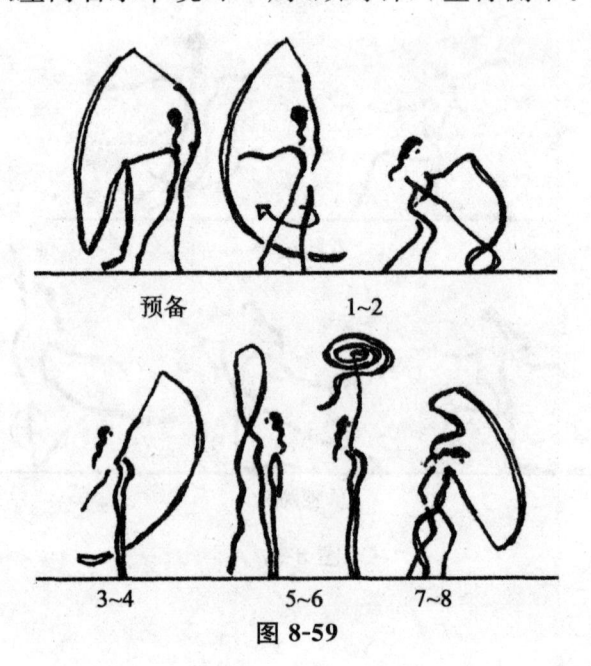

图 8-59

3~4拍右脚退后一步,右腿膝关节弯曲半蹲,左脚在右脚后屈膝点地,同时右手在体前从右向左做"8"字小绕环,左臂向左侧后举,目视前斜下方。

5~6拍两腿原地完成1次有弹性的屈伸,同时,右臂从左向右完成1次体侧反"8"字大绕环,最后成右侧上举姿势。

7拍两脚并拢,脚跟提起,同时左臂侧举,右臂在头上逆时针水平绕环。

8拍左脚向前迈出一步成踏步蹲,低头含胸,同时右臂前下举。

(2)第二八拍

重复第一八拍,方向相反。

2. 举圈组合动作

预备:两臂自然下垂,两手从外将圈握住,使圈面向前。
音乐:2/4拍,稍慢。

(1)第一八拍

1~2拍两臂向前举,圈面成水平。3~4拍两臂向上举,圈面向前。5~6拍右脚侧点地,上体向右屈。7~8拍与5~6拍动作相反。

(2)第二八拍

1~2拍两臂向前举。3~4拍还原预备式。5~8拍完成两次屈膝弹动,同时两臂向右、左摆动。

(3)第三八拍

1~4拍右脚向右迈出一步,重心随之移动,同时两臂向右、左摆动。5~8拍向右变换步,同时两臂逆时针绕环一周半。

(4)第四八拍

与第三八拍动作相反。

(5)第五八拍

1~2拍右脚向2点迈一步,右手向2点举圈,左臂侧举。3~4拍左脚向2点上步,屈膝,含胸低头,右手、左手分别向后、前摆。

5～6拍左腿向后退一步,重心随之向后移,右手向2点举圈,左臂侧举。7～8拍右脚向左脚并拢,两手在体前交换圈。

(6)第六八拍

与第五八拍动作相反。

(7)第七八拍

1～2拍右脚向2点迈出成弓步姿势,双手从外握圈向右前方举起。3～4拍左脚在右脚前交叉转体360°,同时圈向后翻套进头,两臂在肩上屈肘持水平圈。5～6拍双腿屈膝半蹲。7～8拍双脚提踵,两臂同时上举水平圈。

(8)第八八拍

与第七八拍动作相反。

## 二、骑马机锻炼方法指导

骑马机是社区及健身房的常见运动器械之一,利用这一器械,通过握把姿势和脚部位置的改变,模拟骑马姿势,可锻炼身体中80%的肌肉群,并能充分伸展全身关节,促进肌肉力量和心、肺功能的增强,促进人个性的健全与个性心理特征的完善。

健身房的骑马机通常有电子表装备,运动次数可自动记录,运动频率、热量消耗也能够直观显示出来,使用方便,对青少年较为适用。

骑马机的使用方法是,在坐板上坐稳,双手将把手握紧,脚踩踏板,双臂反复做伸缩运动。若在锻炼中感到不适,要及时停止,在指导员的科学指导下使用。

# 第九章　青少年社会适应健康的体育运动促进方法

社会适应健康是现代健康体系的重要组成部分,其指的是具有良好的社会适应能力。在积极干预青少年体质、提升青少年体质健康水平的同时也要注重培养其社会适应能力,从而保证其全面健康。科学合理的体育运动锻炼可改善青少年对内外环境的调整适应能力,提高其抵抗疾病的能力及应对刺激的能力,从而达到社会适应健康。本章主要就青少年社会适应健康的体育运动促进方法展开研究,包括提高调节能力的运动、增强适应能力的运动以及改善应激能力的运动等内容,重点选取代表性项目来分析其锻炼方法与要点,以期从实践层面为青少年通过体育锻炼提高社会适应性提供科学指导。

## 第一节　提高调节能力的运动

对提高人体神经系统、免疫系统及组织自身的调节能力有积极效果的体育运动项目主要有太极拳、健身桩、养生功、导引术、太极剑等。本节主要分析太极拳和健身桩的锻炼方法。

### 一、太极拳运动锻炼指导——24式简化太极拳

(一)第一组动作

1. 起势

两脚开立,两臂体前平举至齐肩高,两膝稍屈,同时双手按掌

(图9-1)。

① ② ③ ④

图 9-1

2. 左右野马分鬃

抱手收脚,转体迈步,弓步分手;转体撤脚,抱手收脚,转体迈步,弓步分手(图9-2)。

① ② ③ ④
⑤ ⑥ ⑦ ⑧
⑨ ⑩ ⑪ ⑫ ⑬

图 9-2

3. 白鹤亮翅

跟步抱手,臀部向后坐,同时转体,虚步分手(图9-3)。

第九章 青少年社会适应健康的体育运动促进方法

图 9-3

(二)第二组动作

1. 左右搂膝拗步

腰、胯自然放松,肩下压,肘下垂,弓步推掌(图 9-4)。

图 9-4

## 2. 手挥琵琶

跟步展臂，臀部后坐挑掌，虚步送手（图9-5）。

图 9-5

## 3. 左右倒卷肱

转体撤手，膝上提同时屈臂，退步错手，虚步推掌（图9-6）。

图 9-6

## (三)第三组动作

### 1. 左揽雀尾

转体撤手,抱手收脚,迈步分手,弓步掤臂,转体摆臂,转体后捋,转体搭手,弓步前挤,后坐收掌,弓步前按(图 9-7)。

图 9-7

### 2. 右揽雀尾

转体撤手,抱手收脚,迈步分手,弓步掤臂,转体摆臂,转体后捋,转体搭手,弓步前挤,后坐收掌,弓步前按(图 9-8)。

图 9-8

(四)第四组动作

1. 单鞭(1)

转体摆臂,勾手收脚,转体迈步,弓步推掌(图 9-9)。

图 9-9

## 2. 云手

转体扣脚,转体松勾,收步云手,开步云手(图 9-10)。

图 9-10

## 3. 单鞭(2)

转体勾手,转体迈步,弓步推掌(图 9-11)。

① ② ③ ④ ⑤

图 9-11

(五)第五组动作

1. 高探马

跟步松手,臀部后坐并翻手(图 9-12)。

① ②

图 9-12

2. 右蹬脚

穿掌提脚,迈步翻手,分手弓腿,跟步合抱,提膝分手,分手蹬脚(图 9-13)。

① ② ③ ④ ⑤ ⑥

图 9-13

### 3. 双峰贯耳

屈膝落手,迈步分手,弓步贯拳(图9-14)。

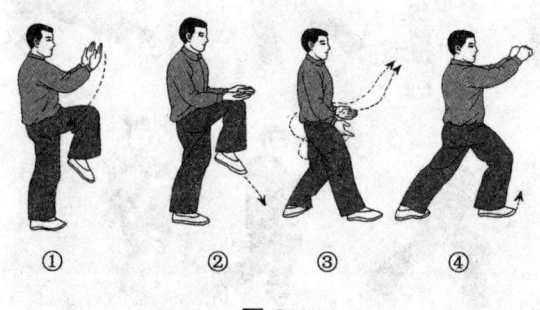

图 9-14

### 4. 转身左蹬脚

转体分手,收脚合抱,提膝分手,分手蹬脚(图9-15)。

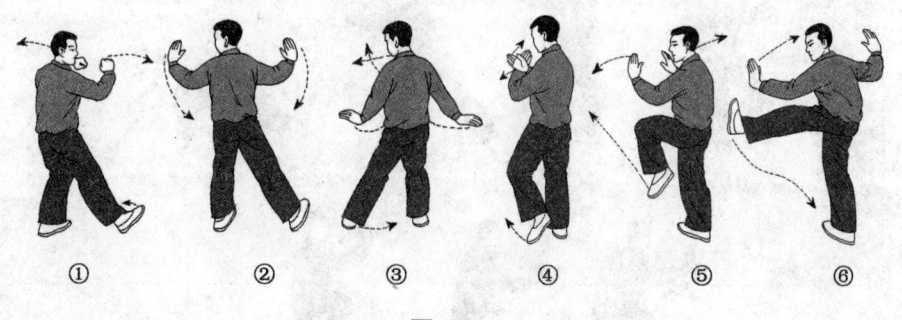

图 9-15

## (六)第六组动作

### 1. 左下势独立

收脚勾手,屈膝开步,仆步穿掌,弓腿起身,独立挑掌(图9-16)。

### 2. 右下势独立

落脚勾手,屈膝开步,仆步穿掌,弓腿起身,独立挑掌(图9-17)。

图 9-16

图 9-17

(七)第七组动作

1. 左右穿梭

落脚转体,抱手收脚,迈步错手,弓步推架;转体撇脚,抱手收脚,迈步错手,弓步推架(图 9-18)。

· 238 ·

图 9-18

2. 海底针

跟步松手,臀部后坐手上提,虚步插掌(图 9-19)。

图 9-19

### 3. 闪通臂

提手收脚,迈步分手,弓步推掌(图9-20)。

图 9-20

## (八)第八组动作

### 1. 转身搬拦捶

转体扣脚,坐身握拳,垫步搬拳,转体收拳,上步拦掌,弓步打拳(图9-21)。

图 9-21

## 2. 如封似闭

穿掌翻手,身体后坐并收掌,弓步按掌(图 9-22)。

图 9-22

## 3. 十字手

转身扣脚,弓腿分手,转体落手,收脚合抱(图 9-23)。

图 9-23

## 4. 收势

翻掌分手,分手下落,双脚并立还原起始姿势(图 9-24)。

图 9-24

## 二、健身桩锻炼指导

健身桩在传统拳术意拳中是一个主要练习内容,这是一种休息式锻炼方式,能够同时对精神、意念、肢体产生积极效果,要求锻炼时集中精神、全身放松、呼吸自然。有人也将此作为锻炼中的一种积极性休息方式。站桩功也是一项医疗体育项目,简便易行,祛病强身效果佳。

站桩功是意拳的精华,是学无止境的一项练习内容,即使技法纯熟到一定程度,也有继续进步的空间。在站桩功的锻炼中,姿势有很多种,各种姿势对锻炼时意念的要求都比较高,但初学者不需要每种姿势都掌握,可以专门挑一种或两种姿势来潜心学习,这样意念才能更专一,精神才能更集中,锻炼效果才更好。有时候贪多求难,反而没有好处。健身桩锻炼要坚持循序渐进的原则。

抱球式或捧球式的健身桩锻炼法比较适合初练者,具体方法如下。

(1)两腿八字形分开,脚间距基本同肩宽。

(2)稍屈膝,臀部后坐,放松胸部,向上顶头,目视前方,闭目,自然呼吸。

(3)身体、心理都保持稳定后,双臂前伸成捧球或抱球状,两手距离以两拳为宜,高度在眉、肚脐之间的任意高度,保持松静自然,舒适得力。

(4)在意念上不能有企求,也不能提醒或暗示自己是在用功,否则容易紧张,达不到预期效果。相反,在意念上要认为这是自己休息的时刻,这样才能达到入静的状态,感觉身心舒适。

站桩功的练习时间视个人情况而定,与个人的体质、素质、性情等因素有关,每次不要过分强求长时间的锻炼,如果感到疲劳或不适,可放松休息,然后再次练习。长期进行练习,练习时间自然就会在原来的基础上慢慢增加,从每次站 10 分钟逐渐增加到

20分钟,半小时,甚至超过1小时。这是水到渠成的过程,所以刚开始时不必非要站很长的时间。长期坚持不懈地练习比虽然一次能站很长时间但三天打鱼两天晒网更重要,只有坚持练习,身体内部才会产生感觉,继续坚持下去的信念才会更坚定。

刚开始进行这一练习时,身体难免会有些不习惯,有手臂酸痛、腿足酸胀等不适症状都是正常的。坚持锻炼一段时间后,这些不适感都会被更强烈的舒适感所战胜,从而达到引人入胜的无法形容的良好境界。

上述功法较为简单,贵在坚持,否则难以取得预期的锻炼效果。长期坚持锻炼,能够有效改善体质,增强体质,使劳动能力、耐力水平都得到一定的提高,同时还有利于提高神经系统、免疫组织的调节能力。

此外,健身桩锻炼对治疗疾病也有较好的效果,如低血压、高血压、关节炎、肺炎、肠胃病、肝脏病、精神分裂症、神经官能症、血管硬化等。

## 第二节 增强适应能力的运动

能够促使青少年更好地适应内外环境,提高其适应能力的运动主要有高原运动、耐热运动、森林浴、日光浴、热沙浴、空气浴等。下面主要分析高原运动、日光浴与空气浴的锻炼要点。

### 一、高原运动锻炼指导

高原地区环境特殊,青少年在高原环境下进行锻炼,必须注意以下几个要点,以确保安全与锻炼效果。

(1)高原地区海拔高,氧气稀薄,对高原气候还不太适应的人刚开始锻炼时适合选择慢跑、骑自行车等耗氧量较小,不是很剧烈的运动项目。如果已经对高原环境很适应了,可增加运动量。如藏族的孩子长年生活在此,对高原环境十分熟悉,具备了较强的环境适应能力,他们能够参加相对较为剧烈的运动。

(2)要在高原地区锻炼,首先身体要达到良好的状态,并且要避免空腹进行锻炼,以免体力消耗太大而发生危险。一般在饭后消化一小时左右开始锻炼。

(3)在高原地区进行运动锻炼,要特别注意时间的问题。高原地区早晚有较大的温差。选择在早上太阳出来后或下午黄昏时间进行锻炼比较合适。

(4)在高原上锻炼要特别注意营养的补充,食物以高热量、易消化为主。锻炼后因为消耗了一定的能量,所以会感到饥饿,此时先饮用一杯热水,然后进食,但不要暴饮暴食去弥补所消耗的能量,这会破坏之前取得的锻炼效果。

(5)在高原地区要注意控制晚餐的量,量太大会使胃肠道负担加重,压迫心肺,引起胸闷、心慌等不适症状。

(6)参加高原户外运动的人常常会在这里过夜,注意睡眠时以半卧位为宜,这样可使心肺负担减轻。

## 二、空气浴与日光浴锻炼指导

### (一)空气浴

空气浴运动方式简单、灵活,对地区、季节以及物质条件没有特别的要求,作用也比较温和,对不同年龄和健康状况的人都适合。青少年在日常生活中可以随时随地进行这项运动。如开窗睡眠、户外活动、做体力活动时少穿衣服等都与空气浴相关。但要以特定形式进行专门的空气浴锻炼,就要对以下几个要点加以注意。

(1)在无风条件下,按身体感觉(每个人对冷、暖、凉的感觉是不同的)可以将空气浴分为三种类型,即冷空气浴、暖空气浴和凉空气浴。一般开始时先进行暖空气浴,每天坚持锻炼效果更佳。

(2)遇到寒流、大风、大雾等不良天气,暂时停止空气浴锻炼。尤其是大雾天更要注意,因为大雾天空气中有太多水分,湿度大,

## 第九章　青少年社会适应健康的体育运动促进方法

空气流动慢,很多尘埃和雾凝结在一起,气压升高,所以人们会感觉呼吸不通畅,且体温也会下降,如果掌握不好锻炼时间,就容易受凉生病并引起其他问题。

(3)尽可能选择田野、多树木地、湖边、海边等空气新鲜的地方进行空气浴锻炼。

(4)第一次进行空气浴锻炼,一般持续15分钟左右,之后从自身情况出发可逐渐延长,温暖季节中,时间没有限制,在寒冷季节,不要超过2小时。

(5)空气浴时,不要穿太多衣服,同时进行跑步、体操等不同形式的身体活动。在锻炼过程中,随时观察与体会自我感觉,不要等到实在无法继续忍受这个环境或浑身起鸡皮疙瘩时才结束锻炼。锻炼是灵活的,是根据个人情况而随意调整的,不要像机械一样去执行任务。

(6)冬天户外气温低,在室内进行空气浴锻炼更为适宜,但要先开窗通风。注意房间内应有保暖设备。

### (二)日光浴

**1. 作用与方法**

日光中含有紫外线和红外线。紫外线可通过皮肤感受器而调节全身功能,促进血液循环,使全身活跃。紫外线对骨髓有刺激作用,从而促进红细胞的形成,对贫血具有良好的防治效果。另外,紫外线也能消毒杀菌。红外线有活血功能,能调节人体温度,让人感觉很温暖。适当地晒太阳有益身体健康,可防治慢性病。

进行日光浴时,可取坐位或卧位,先晒背部、下肢,再晒胸腹部。刚开始时每天10分钟左右,适应后每次可增加3分钟左右,但每次不要超过半小时。注意避免头部直晒,做好防晒工作。

**2. 注意事项**

(1)若患有肺结核、心脏病等疾病,或身体发烧时,不可进行日光浴。

(2)锻炼前,先进行短时间的空气浴。

(3)若锻炼中出现烦热、眩晕、恶心等不良反应,应立刻转移到阴凉地方休息;注意在之后的锻炼中减少持续时间。

(4)锻炼中要适当遮挡头部,以免中暑。

(5)若锻炼后出现疲劳、食欲下降、失眠等不良反应,应休息几天,待身体恢复后再锻炼。

(6)根据个人体质而决定照射时间,身体虚弱者时间短一些,身体强壮者时间长一些,慢性病患者也应适当延长时间。

(7)日光浴在一年四季都可进行,时间一般为一天中的上午8点到10点,下午2点到4点,这些时间段内紫外线比较充足,气温合适。气温太低时不宜进行锻炼。

(8)日光浴后要用凉水擦身。

### 3. 晒伤处理

不合理的日光浴锻炼容易导致皮肤晒伤,一般发生在夏季。晒伤后的处理方法如下。

(1)用凉水处理

用凉毛巾冷敷伤处及周围,缓解症状。

(2)用西瓜皮处理

用经过冷藏的西瓜皮敷在患处,可护肤、清热、除湿。

(3)用清热解毒药材处理

将清热解毒药材外敷在患处,清除皮肤热毒,预防灼伤。

## 第三节 改善应激能力的运动

提高应激能力的运动主要有拔河、棒球、垒球、射击、接力跑、对抗性羽毛球、冰河运动以及其他体育比赛等。下面主要分析拔河与垒球运动的锻炼方法。

# 第九章 青少年社会适应健康的体育运动促进方法

## 一、拔河运动锻炼指导

拔河是两个人数相同的队分别握住一条绳子的两端,各自向自己的队伍方向拉,以线中央的标记最终偏向哪方为标准而判断胜负的一项集体游戏。拔河的形式有很多,两人对抗、多人对抗均可,但要保证两支队伍人数、力量的基本均衡。常见的是多人徒手对抗,有时也有器械对抗。

拔河运动集健身性、娱乐性于一体,在增强体质、提高身体素质、陶冶情操、培养拼搏精神、磨炼意志、提高集体合作意识与能力等方面有突出的作用,而且简便易行,随时都可开展,正因如此,这项运动在民间非常流行,各级各类学校经常组织这样的活动,以此来丰富学生的课余文化生活,培养学生的体质与意志。

下面主要分析拔河运动的几个基本技术环节。

### (一)基本站位

两脚一前一后分开,前腿伸直,膝盖不要弯曲,脚掌内扣,后腿膝盖弯曲,上体向后仰,身体约与地面保持60°的夹角,双手紧紧握住绳子,目视前方。

### (二)握绳方法

前臂要伸直,肘部不要弯曲,后臂肘部弯曲,双手紧握住绳放在后臂腋下夹住,使绳子与身体贴在一起。

### (三)用力方法

听口令与指挥,全体队员一起发力,前脚向前下方用力蹬,后脚伺机后移发力,两手握绳集中发力,重心要低,上体后倾,保持稳定,不要晃。

## 二、垒球运动锻炼指导

（一）基本技术

1. 握球

食指、中指分开,把球放在指根部,两指与球线垂直相交握在球上方,指端压在球缝线上;拇指放在球的侧下部,第一指关节压在球缝线上。拇指、食指、中指的握点看起来是一个等腰三角形的形状。无名指与小指自然弯曲放在球侧,虎口与球之间要有空隙。握球力度以球不掉下去为准,不要把球握得太紧。

2. 传球

两脚以与肩同宽的距离左右分开而立,稍屈膝,双手于体前持球,身体与目标方向正对,目视传球方向。传球时,身体以右脚为轴向右转,左肩与传球方向相对,两臂一前一后,右手持球,掌心向下,同时左脚踏向传球方向。将身体重心放在左脚,左臂屈肘放在胸前,右臂经体侧向上摆到右后方,上下臂垂直,上提肘关节,高于肩,腕关节后屈,高于右耳的水平高度。随后转肩、顶肘,用力甩臂扣腕,在身体前上方将球鞭打传出。右臂继续随摆,上体下压,伸踏腿支撑重心,目视传球目标(图9-25)。

3. 接球

(1)接平直球(图9-26)

身体与来球方向正对,两脚以与肩同宽的距离左右分开而立,微屈膝,上体前倾,重心稍下降、前移,稍屈肘并下垂,合手将手套放在胸前高度,手指向上,目视来球,稍微提起脚跟做好移动准备。面对不同高度和方向的来球,接球时有所区别。

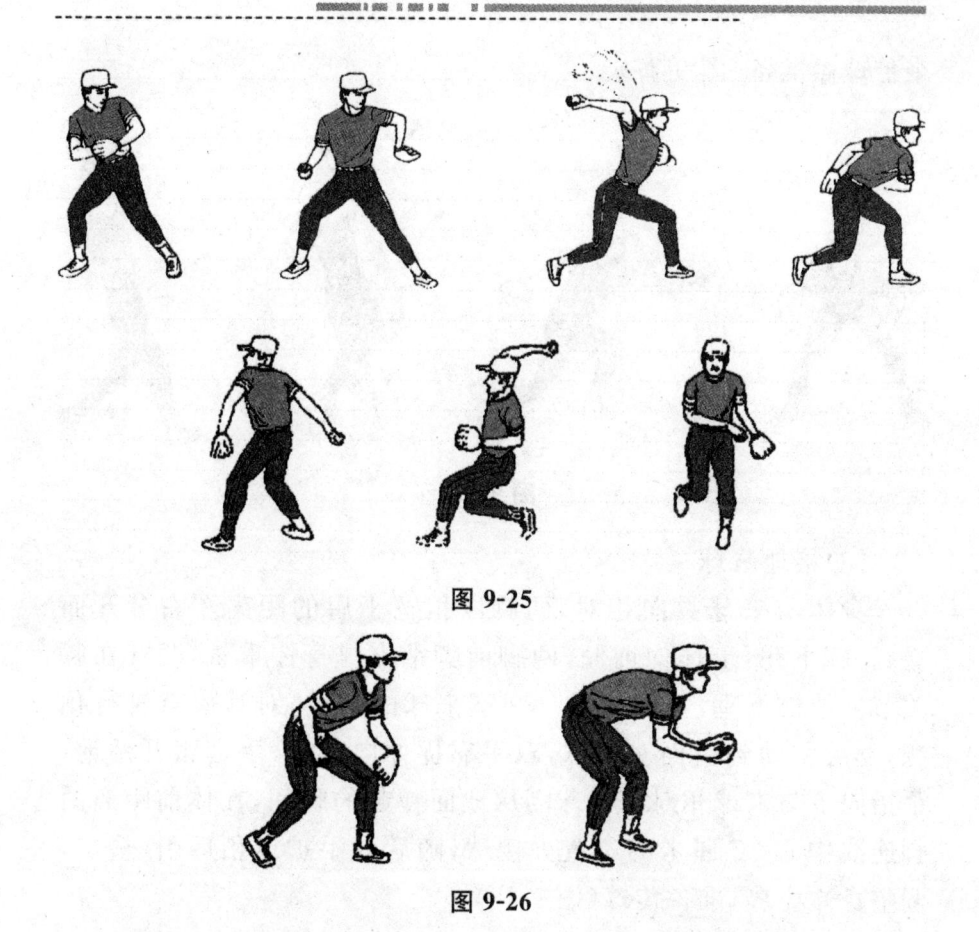

## 第九章 青少年社会适应健康的体育运动促进方法

图 9-25

图 9-26

第一，来球偏右，接球时两臂旋内向右前方伸出，手指朝右与来球相对。

第二，来球偏左，接球时两臂向左前方伸出，同时手指朝左，掌心向前与来球相对。

第三，高于腰部的来球用戴手套的掌心去接。

第四，低于腰部的来球，手指朝下、掌心向前去接。

(2)接腾空球

与来球方向相对，左脚在前，右脚在后，距离略宽于肩，微屈膝，上体前倾，两臂在膝关节前保持放松，目视来球，做好移动接球的准备。观察来球的路线，对其落点进行预测，随后移动到位面对来球，屈肘，向上举起手臂，高于额头，掌心向前。来球靠近时，主动伸臂迎球，在右上方接球，接球后两臂后引缓冲，为下一个传球做准备(图 9-27)。

图 9-27

(3)接地滚球

身体与来球方向相对,两脚以稍宽于肩的距离左右分开而立,屈膝下蹲,上体向前倾,两脚前脚掌支撑身体重量,两臂在膝关节前放松下垂,目视来球。观察来球的路线,对其落点进行预测,随后移动到位面对来球,双手靠拢伸向前方,手套张开贴地,手指向下与来球相对。在球刚从地面弹起的瞬间,在体前距离两脚连线中心 30 厘米的位置去接球,随后双手护球稍后引,垫步,调整身体姿势,准备传球(图 9-28)。

图 9-28

4. 击球

以触击球为例,投手投球离手前的瞬间,击球员的身体迅速转向前导臂一侧,同时右手沿棒快速向中部上移,拇指在上,其余四指在下,用虎口将棒握住,左手在体前控制球棒,棒头比棒尾稍高,身体与投手正对,身体重心向下移,上体稍向前倾,成触击的触发准备姿势。投手投出球后,击球员判断来球轨迹,及时移动到位,调整身体姿势,使球棒中部与来球对准。球靠近时,双手轻推球棒向本垒板前击球,然后双臂后收缓冲,跑向一垒方向。

注意触击球的方向和路线以场上跑垒员、出局人数等实际情况为依据而定。

5. 跑垒与滑垒

(1) 跑垒

进攻队员通过击球取得上垒,然后在队员的配合下发挥主观能动性从场上各垒通过最后回到本垒的进攻活动就是跑垒。

跑垒过程由三个部分组成,即离垒和返垒、起动和冲跑、踏垒和停在垒上。

(2) 滑垒

跑垒员在接近垒位时,突然扑向前或向后倒成侧卧姿势,借惯性向垒位滑进并停在垒上的进攻行动就是滑垒。

滑垒是一种突然性进垒的方式,高速跑垒中的进攻者为顺利踏垒和停在垒上,避免被大面积触杀而采取该方法,这能够给对方的防守增加难度。

(二) 基本战术

1. 进攻技术

(1) 偷垒战术

以单偷垒为例。

战术目的:抢占二垒和三垒。

行动时机：防守队员不善于传杀；防守队员疏忽；下一击球员不具备较强击球能力等，这几种情况均可采用该战术。

战术要求：隐蔽战术意图，迅速完成战术。击球员积极做好配合，打好掩护。

(2) 挥击球战术

① 打第一个好球

争取更多的投球"击"数。

② 打最后一个投球

面对"二击三球"局面，投手为了不让击球员得"四坏球"安全进垒，常常投出较正的好球，击球员应主动打这一好球。

③ 外场腾空球

牺牲自己，让跑垒员回本垒得分是该战术的主要目的。

该战术要求击球员打出外场高远腾空球后，跑垒员立即回到三垒，目视接球方向或听跑垒指导员的命令，在接球队员触球时向本垒迅速跑。

④ 等球

该战术用于投手不具备良好的控球能力，无法投出好球，击球员等待投手"四坏球"不挥棒击球以便安全进垒时。

(3) 触击球战术

① 上垒触击球

行动时机：防守队员不注意防触击球或不具备良好的防触击球能力，而击球员有良好的触击球技术能力和移动速度快时采用。

战术要求：击球员隐蔽触击意图，严格选球，在投手投球后，判断是否为好球，然后决定是否触击球，此时胜算更大。

② 牺牲触击球

行动时机：双方实力相当，跑垒员偷垒有难度，击球员不具备良好的击球能力以及避免双杀的情况下采用该战术。

战术要求：击球员、跑垒员通过暗号心照不宣地达成默契，争取在"二击"前触击投手投的好球。不要边触边跑，以免影响触击的效果。跑垒员可从防守方的防守情况出发考虑对多种跑垒方法的运用。

2. 防守战术

(1)布阵战术

①扩大防守战术

行动时机:进攻队击球员有很强的击球能力,而防守队投手没有很强的投球能力时,防守队使用该战术。

战术方法:内场手或外场手在正常防守位置上向后移(1~3米),相互间做好接应保护。

②紧逼防守战术

击球员对触击球十分擅长,或进攻队员准备对牺牲触击球战术进行采用时,防守方适当前移,使队伍集中一些,在小范围内防守对方。

③侧重防守战术

防守队重点防守场上某一位置和区域,如击球员是左打者或集中向右方击球时,防守队员向右路适当地移动,重点防右路。

(2)投手投球战术

①投慢球战术

投手投出慢速球,使击球员击不中。

②投变化球战术

投手投出由好变坏的球,使击球员做出错误判断并挥棒击球,"三击不中"则出局。

③投坏球战术

投手投出高偏的坏球,给对方战术制造干扰,使击球员"三击不中"而出局。

④四坏球战术

投手连续投4个坏球,诱使击球员到一垒,制造各垒位成封杀的局面,然后变被动为主动,防止对方得分。

(3)夹杀战术

战术目的:对徘徊在两个垒位间不知进退的跑垒员进行触杀。

战术要求:相邻防守队员快速补垒或做好保护,做好随时夹杀的准备。

(4)传杀一垒战术

战术目的:传杀击跑员并使其出局。

战术要求:集中注意力,提高战术运用效率。

# 参考文献

[1]王德刚.基础教育学生体质健康监测与促进[M].北京:北京体育大学出版社,2018.

[2]张金铭.体质健康测评的基本理论与方法研究[M].北京:中国水利水电出版社,2018.

[3]中国学生体质与健康研究组.2014年中国学生体质与健康研究报告[M].北京:高等教育出版社,2018.

[4]涂春景.体质健康理论与实践研究[M].长春:吉林人民出版社,2017.

[5]王磊磊.大学生体质健康发展与干预策略研究[M].延吉:延边大学出版社,2017.

[6]彭莉,毛永明.运动干预学生体质健康的理论与实践[M].重庆:西南师范大学出版社,2017.

[7]杨瑞鹏.行为学理论干预下的大学生体育锻炼行为与体质健康促进研究[M].长春:吉林人民出版社,2017.

[8]刘敏.大学生体质健康与科学锻炼[M].上海:同济大学出版社,2017.

[9]周丛改.体育强国目标下青少年体质健康促进机制探讨[J].成都体育学院学报,2011,37(06):33-36.

[10]刘志敏,等.促进体育强国与全民健身运动协调发展战略研究[M].北京:北京体育大学出版社,2014.

[11]王智慧.体育强国的评价体系与实现路径研究[D].北京:北京体育大学,2014.

[12]刘彦,杨金丽.从体育"本质内涵"审视"体育强国"战略目标构建[J].山东体育科技,2014,36(06):9-12.

[13]于洋.实现体育强国战略目标的基本问题探讨[J].运动,2014(14):3-4.

[14]梁枢,路燕.论我国的体育强国战略及其模型构建[J].吉林体育学院学报,2013,29(03):6-10.

[15]毛亚杰.大学生健康教育[M].北京:北京理工大学出版社,2014.

[16]钟燕.儿童青少年的躯体发育特征与营养需求[J].中国儿童保健杂志,2014,22(11):1124-1125,1129.

[17]李建臣,任保国.青少年体能锻炼与体质健康[M].北京:化学工业出版社,2014.

[18]赵东明,等.向"体育强国"战略目标迈进中的我国青少年体质发展问题研究[A].Intelligent Information Technology Application Association.Proceedings of the 2011 Second International Conference on Education and sports Education(ESE 2011 V4)[C].Intelligent Information Technology Application Association,2011:4.

[19]倪艳秋.青少年体质健康现状及干预对策研究[D].烟台:鲁东大学,2013.

[20]张颋.青少年体质状况的客观影响因素及对策研究[D].苏州:苏州大学,2016.

[21]冯晓玲.我国青少年身体素质下降的成因分析与对策研究[D].北京体育大学,2012.

[22]夏青.中小学体育教学现状及发展对策的研究[J].科技资讯,2018,16(06):247-248,250.

[23]黄敬亭.健康教育学[M].上海:复旦大学出版社,2006.

[24]吕姿之.健康教育与健康促进(第二版)[M].北京:北京大学医学出版社,2002.

[25]孙庆祝,郝文亭,洪峰.体育测量与评价(第二版)[M].北京:高等教育出版社,2010.

[26]张青.论家庭教育与青少年健康成长[J].现代教育科学,2012(12):20-22.

[27]林秀春.家庭体育促进青少年学生体质健康的策略研究[J].武夷学院学报,2011(05):84-88.

[28]顾美芹.论家庭教育对青少年体质健康的介入[J].科教文汇(下旬刊),2008(12):58,71.

[29]谭思洁,王健,郭玉兰.青少年运动健康促进导论[M].北京:知识产权出版社,2012.

[30]陈智.天津市青少年家庭体育开展对策研究[D].天津:天津体育学院,2013.

[31]李龙.学校家庭社会协同促进青少年体质健康研究[J].体育文化导刊,2014(10):134-136,140.

[32]陈玉忠.关于我国青少年体质健康问题的若干社会学思考[J].中国体育科技,2007(06):83-90.

[33]张淑范.谈环境保护与加强环境保护的措施[J].黑龙江科技信息,2013(07):97.

[34]黄凯斌,健康中国——国民健康研究[M].北京:红旗出版社,2016.

[35]王家宏.我国公共体育服务体系研究[M].苏州:苏州大学出版社,2016.

[36]戴健,等.公共体育服务体系建设[M].上海:上海交通大学出版社,2015.

[37]王健,等.健康教育[M].北京:高等教育出版社,2006.

[38]吴旭光.体育·健康促进·安全[M].北京:地震出版社,2007.

[39]郭艳花,等.青少年体育锻炼瓶颈问题及其对策研究[J].湖北体育科技,2017,36(10):922-924,935.

[40]邱娟.体育锻炼的生理学原理与运动处方研究[M].北京:中国书籍出版社,2016.

[41]金宗强,赵培军,姜卫芬."阳光体育运动"锻炼过程中运动负荷的实时监测与实效性评价[M].天津:天津大学出版社,2016.